FERRET 1973

PETIT
GUIDE PRATIQUE

à l'usage

DES AGENTS CONSULAIRES

DE FRANCE

PAR

HENRI DIDOT

LICENCIÉ EN DROIT
AGENT CONSULAIRE DE FRANCE

PRÉFACE DE M. CAMILLE JORDAN
CONSUL GÉNÉRAL DE FRANCE
ASSOCIÉ DE L'INSTITUT DE DROIT INTERNATIONAL

PARIS

TYPOGRAPHIE FIRMIN-DIDOT ET Cⁱᵉ

56, RUE JACOB

1911

PETIT

GUIDE PRATIQUE

à l'usage

DES AGENTS CONSULAIRES

DE FRANCE

PAR

HENRI DIDOT

LICENCIÉ EN DROIT
AGENT CONSULAIRE DE FRANCE

PRÉFACE DE M. CAMILLE JORDAN

CONSUL GÉNÉRAL DE FRANCE
ASSOCIÉ DE L'INSTITUT DE DROIT INTERNATIONAL

PARIS

TYPOGRAPHIE FIRMIN-DIDOT ET Cⁱᵉ

56, RUE JACOB

1911

PRÉFACE

Le présent ouvrage est destiné aux agents consulaires. Ces agents jouent un rôle important dans l'organisation consulaire de tous les pays, et leur collaboration est indispensable à la protection de nos intérêts nationaux à l'étranger.

Déjà l'attention avait été appelée sur ces utiles auxiliaires par le Guide formulaire à l'usage des agents consulaires de M. Héritte. M. Didot a repris ce sujet en s'inspirant de données différentes, et en restreignant son travail à l'étude des attributions communes à tous les agents consulaires, sans aborder en détail l'examen des pouvoirs spéciaux qui peuvent leur être exceptionnellement conférés.

Cette réserve s'explique; car, dans ce cas, les agents consulaires sont entièrement assimilés aux agents de carrière, et ont à se conformer aux mêmes prescriptions que ces derniers.

Tout d'abord, pour bien déterminer la condition juridique de l'agent consulaire, il convient de faire une distinction essentielle.

Il existe deux catégories de consuls : les consuls de carrière ou envoyés « *consules missi* », et les consuls élus « *consules electi* ». Les premiers sont envoyés par l'État qui les nomme dans un État étranger, et doivent être citoyens du pays qu'ils représentent. Ils sont des fonctionnaires publics, rétribués par un traitement fixe, et il leur est interdit par les règlements consulaires de faire le commerce. Les droits de chancellerie qu'ils recouvrent, sont versés au Trésor comme recette budgétaire.

Par contre, les consuls élus sont choisis sur place, parmi les négociants locaux ou d'autres personnes aptes à cet emploi. Il n'est pas nécessaire qu'ils soient citoyens de l'État qui les nomme, et ils peuvent être sujets de l'État de leur résidence ou d'un État tiers. Ils peuvent se livrer à d'autres occupations ou faire le commerce ; ils ne jouissent pas d'un traitement fixe ; mais peuvent retenir à leur profit les droits de chancellerie perçus par eux, conformément au tarif en vigueur.

L'organisation consulaire de presque tous les États repose sur un système mixte, comportant l'emploi d'agents appartenant à ces deux catégories et appelés à concourir au même but.

Ainsi que l'expose M. de König (1), la combinaison de ces deux éléments présente des avantages certains. Tandis que les consuls de carrière, par leur éducation professionnelle, leurs connaissances techniques, et leur entière indépendance des influences étrangères, seront plus à même de défendre et de faire prévaloir les intérêts nationaux, les consuls élus, appartenant généralement à la classe des commerçants, peuvent par leur situation personnelle, leur connaissance approfondie des institutions et des mœurs du pays de leur résidence, rendre au pays qu'ils représentent les services les plus utiles.

Des considérations d'économie empêchent une représentation consulaire basée uniquement sur des agents de carrière, et l'ont fait écarter presque complètement dans de petits États comme la Suisse (2).

(1) *Handbuch des Deutschen Konsularwesens*, VIIᵉ Ed., 1909, p. 63.
(2) De là la résistance très vive de M. Lardy au projet de Règlement de M. En-

La trop grande multiplication des consulats de carrière, même en dehors du point de vue budgétaire, ne serait d'ailleurs pas sans présenter, sous certains rapports, des inconvénients parfaitement mis en lumière par M. de König. Les consuls de carrière, dans de petits postes, exposés aux dangers de l'isolement, et ne trouvant pas des éléments suffisants à leur activité, seraient réduits à solliciter des changements fréquents peu favorables au bien du service.

L'Autriche-Hongrie a deux cadres parallèles de consuls envoyés ou *effectifs,* et de consuls élus ou *honoraires* comprenant tous les grades de la hiérarchie ; elle délivre des brevets de consuls généraux honoraires comme de consuls généraux effectifs (1).

Ce système lui permet d'attacher à son service consulaire de hautes personnalités, comme par exemple M. de Rothschild à Paris.

Mais le plus souvent, le grade de consul général est réservé exclusivement aux agents de carrière. La Russie (2) et la Belgique (3) ont seulement des consuls et des vice-consuls non rétribués. La Grande-Bretagne autorise la nomination par les consuls de carrière de vice-consuls, d'agents consulaires et de pro-consuls (4).

En France, l'Ordonnance du 20 août 1833 et celle du 26 octobre 1833 prévoyaient la nomination par les consuls de vice-consuls et d'agents consulaires. Mais depuis le décret

gelhardt soumis à l'Institut de Droit International, consacrant l'infériorité des consuls *electi* par rapport aux consuls *missi,* et refusant aux premiers le titre de consuls pour ne leur reconnaître que celui d'agents consulaires. *Annuaire de l'Institut de Droit International,* Vol XV, — 1896, — Session de Venise. Discussion du projet de Règlement, p. 277 et 278.

(1) Malfatti di Montelretto, — *Handbuch des Osterreichischen und Ungarischen Konsularwesens* — II°, Ed., 1905, t. I. p. 99.

(2) Heyking — *A Practical Guide for RussianConsular Officers* 1904, p. 4, § 5.

(3) Arrêté royal du 25 septembre 1896. — *Règlements Consulaires de Belgique,* V° Ed., 1908, t. I, p. 51 et suiv.

(4) *General Instructions for H. M. Consular Officers,* 1907, p. 4, § 7.

du 19 janvier 1881 la désignation de vice-consuls s'applique à des agents de carrière, investis à ce titre de toutes les attributions des consuls. La désignation d'agents consulaires subsiste seule pour les consuls *electi*. Toutefois, pour ne pas consacrer à leur détriment par cette dénomination une situation inférieure à celle de leurs collègues étrangers, on peut leur conférer le brevet de vice-consul honoraire.

Quel que soit leur titre officiel, les consuls élus, et notamment les agents consulaires français, ne sont que des auxiliaires des consuls de carrière.

D'après la législation française, le consul est un fonctionnaire public, et en principe nul ne peut être fonctionnaire public s'il n'est Français. Or, les consuls élus, les agents consulaires peuvent être pris parmi les étrangers. De plus, le fonctionnaire public en France doit se consacrer exclusivement au service de l'État. Le consul n'échappe pas à cette règle. Il est rétribué par un traitement inscrit au budget. Le commerce lui est interdit. Par contre, les consuls élus, les agents consulaires peuvent se livrer à d'autres occupations, faire le commerce où exercer une industrie. Ils ne sont pas fonctionnaires publics.

Cette constatation n'implique d'ailleurs nullement une infériorité de situation pour les consuls élus : l'importance de leur rôle est telle qu'un des agents les plus distingués de la carrière consulaire russe, le baron Heyking a publié à leur intention, en langue anglaise, un ouvrage intitulé : *A Practical Guide for Russian Consular Officers and Private persons having relations with Russia*, où il expose toutes les attributions des consuls de Russie, afin de les mettre à même de prêter, en connaissance de cause, aux agents de carrière un concours dévoué et efficace.

M. Didot n'a pas suivi cet exemple, et nous l'en félicitons. L'extrême diversité des attributions des consuls français et la complication de notre législation aurait jeté inutilement le trouble dans l'esprit des agents consulaires. L'auteur a jugé avec raison superflu d'exposer dans tous leurs détails des fonctions qu'ils ne sont pas appelés à remplir. Il s'est borné à leur fournir des indications précises sur leurs attributions forcément limitées, mais susceptibles d'être étendues par des décrets leur conférant les pouvoirs d'administrateurs de la marine, et à titre exceptionnel, ceux d'officiers de l'état civil et de notaires, là où l'intérêt de nos nationaux paraît exiger cette mesure.

Vis-à-vis des autorités étrangères, la distinction fondamentale entre les agents consulaires et les consuls de carrière, résultant de notre droit interne qui refuse aux premiers le caractère de fonctionnaires publics, disparaît. Par le fait qu'ils sont reconnus, ils peuvent exercer leurs fonctions dans les limites qui leur sont assignées, tant par la législation de l'État qui les nomme que par celle de l'État de leur résidence et par les stipulations des traités; et, sous ce rapport, leur condition juridique ne diffère pas de celle des consuls de carrière. Il y a lieu toutefois de noter que les conventions consulaires réservent généralement la jouissance des privilèges et immunités qu'elles consacrent, à charge de réciprocité, au profit des consuls respectifs, aux agents citoyens de l'État qui les nomme, ou, tout au moins, non sujets du pays de leur résidence. Elles la subordonnent également à la condition de ne pas faire le commerce, et de ne pas se livrer à l'industrie. Ces restrictions qui n'atteignent pas les consuls de carrière s'appliquent, sinon nécessairement, du moins généralement, aux agents consulaires en raison de leur qualité de commerçants ou de sujets du pays de leur résidence.

Les agents consulaires ne sont donc pas fonctionnaires publics. Après avoir posé ce principe fondamental, M. Didot a su en déduire toutes les conséquences juridiques qu'il comporte, en ce qui concerne les attributions des agents consulaires, qui sont, sauf exceptions, déterminées par décrets spéciaux, d'ordre purement administratif. Le plus souvent ils doivent se conformer aux instructions du chef de circonscription dont ils relèvent, dont ils sont les délégués et qui couvre leur responsabilité. Quand ils exercent certains pouvoirs, ils doivent le faire strictement dans les limites qui leur sont assignées : ces pouvoirs sont en effet exceptionnels, et ne sont susceptibles d'aucune extension.

Le rôle des agents consulaires, comme celui des consuls, est infiniment varié. Le présent ouvrage, en leur traçant une règle de conduite basée sur une théorie sûre, leur permettra même, dans des cas non prévus, de s'inspirer dans leurs décisions de l'esprit général de la législation française.

Aussi nous considérons que le travail de M. Didot est appelé à rendre à ses collègues les plus utiles services, et nous ne pouvons que le féliciter de son initiative en lui souhaitant le succès qu'elle mérite.

Camille JORDAN.

AVERTISSEMENT

Ce petit guide n'a d'autre but que d'être utile à mes collègues.

Agent consulaire depuis six ans, au milieu d'une colonie comptant plus de 3.000 Français, j'ai eu à traiter, dans cet intervalle, à peu près toutes les questions qui peuvent être de notre ressort, et j'avoue m'être trouvé, plus d'une fois, embarrassé pour leur solution.

Aussi voudrais-je éviter aux autres les difficultés par lesquelles j'ai passé, et les recherches que j'ai eu à faire aux sources les plus diverses.

A mes collègues à juger si mon but a été atteint.

Ce livre est surtout destiné à la classe la plus nombreuse des agents consulaires, c'est-à-dire à ceux qui ne sont point investis de pouvoirs spéciaux, tels que ceux d'officiers de l'état civil, de notaires, d'administrateurs de la marine.

Lorsque ces pouvoirs particuliers ont été conférés, les attributions des agents consulaires deviennent en effet identiques à celles des consuls de carrière. Il faut alors se référer, aux ouvrages généraux sur l'institution consulaire :

Manuel de droit consulaire, par Julien Pillaut. Paris, 1910. Berger-Levrault et Cⁱᵉ.

Manuel diplomatique et consulaire, par MONNET. Paris, 1910. Berger-Levrault et Cⁱᵉ.

On ne trouvera dans ce volume que l'exposé des principes concernant ces points spéciaux.

La table des matières placée à la fin de ce guide, contient d'ailleurs, des renseignements pratiques qui permettront de répondre aux questions les plus courantes pour lesquelles le public s'adresse aux agents.

PETIT GUIDE PRATIQUE

A L'USAGE

DES AGENTS CONSULAIRES

CHAPITRE PREMIER

LES AGENTS ET LES AGENCES CONSULAIRES

§ 1. — Les agents consulaires.

1. Caractère des fonctions d'agent consulaire. — La circulaire du 22 janvier 1817 pose en principe que les agents consulaires n'ont aucun caractère public. Ce point forme le caractère fondamental de la condition juridique de ces agents; c'est ce qui les distingue essentiellement des fonctionnaires de carrière dont ils ne sont que les délégués. Il faut cependant faire exception à cette règle lorsque les agents consulaires sont investis de pouvoirs spéciaux, tels que ceux d'officiers de l'état civil, de notaires, etc. Ils sont alors, dans l'exercice de ces fonctions, assimilés aux agents fonctionnaires publics.

2. Quelles personnes peuvent être agents consulaires. — N'étant pas fonctionnaires publics, les agents consulaires peuvent être pris non seulement parmi les Français, mais encore parmi les étrangers nationaux du pays ou ressortissants d'une tierce puissance. Ils peuvent de même se livrer au commerce et à l'industrie. L'article 40 de l'Ordonnance du 20 août 1833 recommande en effet

"

de choisir ces agents autant que possible parmi les Français notables établis dans le pays de la résidence du consul, et à leur défaut parmi les négociants ou habitants les plus recommandables. Le règlement ottoman de 1863 porte, cependant, à l'article 6 que les fonctions d'agent consulaire ne peuvent être confiées à un indigène que dans le cas d'urgence démontrée, et à titre provisoire.

3. **Protection en pays de juridiction**. — En pays de juridiction les agents, ne jouissant d'aucune autre protection, ont droit à la protection française. (Convention de Madrid du 30 juillet 1880 concernant le Maroc, règlement ottoman de 1863.) La protection s'éteint avec la cessation des fonctions, (règlement de 1863), si l'agent n'était protégé qu'à ce titre. On a admis en Égypte que pour les indigènes remplissant les fonctions d'agents consulaires d'une puissance européenne, la reconnaissance provisoire du gouvernement égyptien pouvait suffire à établir leur qualité de protégés, en attendant la production du brevet. (Cour d'appel mixte d'Alexandrie, 26 décembre 1895, *Bull. de législat. et de jurisprudence égyptienne* 1896, page 55, Rey : *De la protection dans les Échelles du Levant et de Barbarie*, p. 482.)

4. **Nomination, révocation, suspension, congés, absences**. — C'est le chef de la circonscription qui nomme l'agent consulaire, avec l'autorisation du ministre des Affaires Étrangères (Ordonnance du 20 août 1833, art. 39 (1), et qui lui délivre son brevet. L'agent consulaire peut être suspendu par le consul; mais ne peut être révoqué qu'avec l'autorisation du ministre (art. 47 de l'Ordonnance du 20 août 1833).

L'agent consulaire n'étant pas fonctionnaire public, n'a pas à proprement parler à demander de congés s'il veut s'absenter. Une semblable obligation ne saurait être imposée à des commerçants qui doivent être entièrement libres de vaquer à leurs affaires. Mais si l'agent quitte pour quelque temps sa résidence, il doit s'entendre avec le chef de la circonscription, et, en pratique, l'usage admet qu'il se fasse suppléer par un intérimaire (voir le n° 7 au sujet des pouvoirs de cet intérimaire). L'agent consulaire

(1) La légalité de ce mode de nomination est reconnu dans certain traités. V. Pillaut, *Manuel de droit consulaire*, p. 6.

peut toujours résigner ses fonctions, mais doit attendre la nomination de son successeur pour cesser le service.

5. Condition de l'agent vis-à-vis des autorités étrangères, exequatur, représentation de plusieurs puissances. — Pour être reconnu officiellement, on peut exiger que l'agent reçoive l'exequatur (1). Cette formalité n'est pas nécessaire en tous pays.

Les agents consulaires français ne peuvent accepter le titre d'agent d'aucune autre Puissance sans l'autorisation du ministre des Affaires Étrangères (art. 45 de l'Ordonnance du 20 août 1833).

6. Droit de correspondre avec le consul, le ministre, les particuliers, les autorités étrangères. — L'agent consulaire ne peut correspondre qu'avec le consul dont il relève, et avec le ministre seulement s'il y est spécialement autorisé (art. 1 de l'Ordonnance du 26 octobre 1833).

Avec les particuliers, il peut correspondre, soit directement, soit par l'intermédiaire du consul. Ce dernier mode est à employer s'il s'agit d'une question qu'il croit préférable de lui soumettre, si la réponse pouvait engager sa responsabilité personnelle, si l'intéressé n'avait pas envoyé les fonds nécessaires pour payer la taxe de la lettre de réponse.

L'agent consulaire a qualité pour correspondre avec les autorités locales, surtout s'il a reçu l'exequatur.

7. Interdiction de déléguer les pouvoirs. — L'agent consulaire ne peut déléguer ses pouvoirs, ni nommer de sous-agents (art. 2 de l'Ordonnance du 26 octobre 1833). Quand il s'absente, l'usage l'autorise à confier ses fonctions à un intérimaire. Mais ce dernier, vu l'article précité, doit uniquement remplir les attributions administratives courantes, mais non les pouvoirs spéciaux dont serait investi le titulaire.

8. Mandat particulier. Droit de faire du commerce ou

---

(1) Décret italien du 3 décembre 1854. Pillaut, *Manuel de droit consulaire*, p. 7, article 7 du règlement de 1863 sur la protection en Turquie.

d'avoir une profession libérale. — Comme on l'a vu au n° 2 l'agent consulaire peut être un commerçant ou un industriel. Il peut également exercer une profession libérale. N'étant pas fonctionnaire public, il peut accepter un mandat particulier. Il ne s'agit plus ici des bons offices prévus à l'article 3 de l'Ordonnance du 26 octobre 1833, et il peut prendre des honoraires. Cependant s'il s'agit de contestations, il est préférable qu'il s'abstienne de devenir le mandataire d'un Français pour agir contre un autre Français. En tout cas, il ne doit pas user de sa situation officielle pour imposer ses services.

9. **Visa par le chef de la circonscription de toutes pièces signées de l'agent consulaire, dispense.** — L'agent n'étant que le délégué du consul, toutes pièces émanant de lui doivent en principe être légalisées par le chef de la circonscription. Le ministre des Affaires Étrangères peut accorder par décret la dispense de ce visa (art. 7 de l'Ordonnance du 26 octobre 1833).

L'agent, en entrant en fonctions, doit envoyer en plusieurs exemplaires le type de sa signature au consul. L'agent intérimaire qui le remplace en cas d'absence, doit faire de même.

10. **Préséances, distinctions, uniforme, visite des navires de guerre.** — Aucunes dispositions n'ont réglé les questions de préséances des agents consulaires. Il faut se conformer aux usages locaux.

La dénomination de vice-consul, depuis le décret du 19 janvier 1881, est réservée, en fait, aux agents de carrière; mais les agents consulaires peuvent recevoir le titre de vice-consul honoraire après un certain nombre d'années de service.

Le décret du 15 avril 1882, à l'article 4, porte : Les agents consulaires nommés par les consuls avec l'agrément du ministre des Affaires Étrangères pourront, comme par le passé, être autorisés par décision spéciale à porter un costume officiel qui sera semblable à celui des chanceliers de 3ᵉ classe (1). Lorsqu'une escadre

(1) La dénomination de chancelier a été supprimée par le décret du 29 mai 1902. L'uniforme des agents consulaires est celui des vice-consuls de 3ᵉ classe.

Drap bleu national pour l'habit, le collet et les parements. Broderie en or figurant des feuilles de pensées avec motif d'ornement. Boutons en métal doré timbrés

française ou un navire de guerre français aborde dans un port, l'agent consulaire doit toujours la première visite au chef ou commandant (850 du décret du 20 mai 1885). S'il a un uniforme, il peut être salué de cinq coups de canon, selon les circonstances ou la teneur des instructions ; il est reçu sur le gaillard d'arrière par l'officier en second du bâtiment. La garde ne s'assemble pas (décret du 20 mai 1885 art. 823-8°).

11. Privilèges que peuvent réclamer les agents consulaires. — En principe, les agents consulaires ne jouissent d'aucune immunité ni d'aucun privilège. Ils sont entièrement soumis à la souveraineté de l'État où ils résident.

Cependant, dans les conventions conclues par la France avec diverses puissances étrangères, les privilèges et immunités reconnus aux consuls de carrière ont été le plus souvent obtenus également pour les agents consulaires. Ces privilèges sont, en général : l'immunité personnelle, l'exemption de contributions personnelles, de charges militaires, la dispense de comparaître en justice ; il faut se référer à chaque traité spécial (1). Le bénéfice de ces faveurs n'est d'ailleurs réservé qu'aux agents ne se livrant ni au commerce ni à l'industrie et citoyens du pays qui les nomme.

§ 2. — Les agences consulaires.

12. Création, suppression, transport d'une agence consulaire. — Selon la pratique actuelle, les agences sont créées, supprimées ou transférées par décret. En cas de suppression, les archives sont remises au poste dans la circonscription duquel se trouve alors la localité. Dans le cas où le titulaire de l'agence supprimée

d'un faisceau portant au centre un cartouche avec les lettres R F et entouré de branches de chêne et d'olivier.

Habit fermé boutonnant droit sur la poitrine avec neuf gros boutons d'uniforme, collet montant fermé par deux agrafes. A l'intérieur cinq petits boutons à tête plate servant à maintenir un col lingerie dit col militaire. L'uniforme des agents consulaires porte au collet : baguette dentelée entre deux cables; branches de feuilles de pensées avec motifs d'ornements — aux parements, même broderie — (arrêté du 28 juillet 1903).

(1) Pillaut, *Manuel de droit consulaire*, p. 11 et suivantes.

avait les pouvoirs d'officier de l'état civil ou de notaire, il ne remet les registres à un autre agent consulaire que si ce dernier possède les mêmes pouvoirs ; en cas contraire, il les fait parvenir au chef de la circonscription, seul compétent pour en délivrer des extraits.

Si une agence est seulement transférée, le titulaire conserve les pouvoirs octroyés au poste primitif.

Mais, si une agence est supprimée, puis rétablie ultérieurement, le titulaire du nouveau poste ne jouit pas de droit des pouvoirs accordés à l'ancien ; ceux-ci doivent être de nouveau conférés par décret.

13. Archives de l'agence. Tenue de la correspondance. — Aucun texte ne fixe de règles pour la tenue de la correspondance des agents consulaires. Ceux-ci cependant doivent conserver et classer soigneusement les lettres qu'ils reçoivent, et conserver copie des réponses les plus importantes. Pour le bon ordre, il est utile qu'ils tiennent un registre d'arrivée et de départ où ils inscrivent les lettres qu'ils reçoivent et leurs réponses avec indication sommaire de leur objet.

Les archives de l'agence sont la propriété de l'État français. Elles ne peuvent être publiées ou communiquées sans l'autorisation du ministre, sauf dans les cas prévus par la loi.

Lorsque le titulaire du poste change, on peut demander aux agents consulaires de se conformer aux prescriptions de l'ordonnance du **18 août 1833.** Tout agent doit faire remise à son successeur des pièces confiées à sa garde, et dresser procès-verbal de cette remise en trois exemplaires signés des deux intéressés ; le premier exemplaire reste au poste, le second est envoyé au chef de la circonscription, le troisième laissé comme décharge à l'agent sortant.

14. Privilèges de l'agence. Inviolabilité des archives. Droit d'arborer le pavillon et l'écusson national. — Les archives de l'agence, propriété de l'État français doivent être considérées comme inviolables (1). Aussi doivent-elles

(1) Pillaut, *Manuel de droit consulaire*, p. 15 et suiv.

être complètement séparées des livres et documents relatifs au commerce et à l'industrie que pourraient exercer les agents (1). Un certain nombre de traités autorisent les agents à suspendre à leur porte le pavillon et l'écusson national. Ce privilège, d'ailleurs, est généralement reconnu, même en l'absence de stipulations conventionnelles, par simple courtoisie.

15. Circonscriptions des agences consulaires. — Aucune circonscription nettement définie n'est attribuée aux agences consulaires. En principe, leurs titulaires ne sont compétents que dans la ville où se trouve le siège de l'agence.

Dans la pratique, cependant, on leur reconnaît juridiction sur la province dont cette ville est en général le chef-lieu. Cette situation est assez anormale lorsque les agents sont investis de pouvoirs territoriaux comme ceux d'officiers de l'état civil ou de notaires. Il serait logique de déterminer alors d'une façon exacte le territoire sur lequel ils peuvent exercer ces attributions.

§ 3. — Personnes ayant droit à la protection
des agents consulaires.

16. — Ces personnes sont : 1° Les Français. Les documents les plus usuels pour prouver la nationalité sont : les passeports, certificats d'immatriculation, pièces militaires, cartes d'électeur, l'acte de naissance de l'intéressé s'il est né en France accompagné de celui d'un de ses parents (père ou mère) né également en France, les décrets du chef de l'État leur conférant la naturalisation.

2° Les indigènes des colonies françaises et des pays soumis au protectorat de la France.

3° Les étrangers protégés soit en vertu de traités ou d'usages, soit à la demande du gouvernement de leur pays.

Les déserteurs et les insoumis n'ont droit à aucune protection.

(1) V. à ce sujet la convention franco-italienne du 8 décembre 1888.

En cas de doute sur la nationalité d'un individu, les agents consulaires en réfèrent au chef de la circonscription.

§ 4. — Rôle officieux de l'agent consulaire. et comme délégué du consul.

17. Agent d'information du consul. — Comme pour tous les fonctionnaires du service consulaire, le rôle des agents consulaires est surtout officieux.

Ils sont tout d'abord les agents d'information des chefs de circonscription sur toutes matières économiques, sur les questions de navigation, les événements politiques, les changements de législation, l'état sanitaire, etc., etc. Ils doivent se livrer aux enquêtes sur les points spéciaux que leur désignent les consuls.

18. Bons offices aux nationaux. — L'article 3 de l'Ordonnance du 26 octobre 1833 porte : Ils doivent rendre aux Français tous les bons offices qui dépendent d'eux, sans qu'ils puissent exiger aucun droit ni émolument pour leur intervention.

Leur rôle peut être infiniment varié.

Ils peuvent se charger d'indiquer des mandataires ou des hommes de loi, d'effectuer les démarches nécessaires pour faire admettre un indigent français dans les hôpitaux locaux, en invoquant la part très large faite, en France, aux indigents étrangers par l'assistance publique, s'entremettre pour obtenir le règlement amiable de créances dues à des Français.

Ils peuvent accepter d'être arbitres ou conciliateurs.

S'ils ne doivent recevoir aucun émolument, il faut faire exception pour les taxes de chancellerie. S'ils opèrent un recouvrement quelconque, ils ont droit au 2 % prévu par l'article **178** du tarif.

19. Agents de transmission. — L'agent consulaire est le plus souvent l'intermédiaire entre le consul et les Français.

Il est chargé de leur communiquer ou de leur faire remettre les pièces qui les concernent, telles que les actes judiciaires, les ordres d'appel sous les drapeaux, etc.

L'agent consulaire peut également servir d'intermédiaire entre le consul et des étrangers, pour la remise d'actes judiciaires par exemple.

Il peut convoquer les intéressés, ou leur faire connaître par écrit ce qui les concerne. Mais s'il doit prendre toutes précautions utiles pour s'assurer que les destinataires ont été dûment avertis, il ne doit pas oublier qu'il n'a aucun pouvoir pour les forcer à se présenter, à répondre, ou à recevoir les documents. S'il ne peut exécuter la mission qui lui est confiée, il doit simplement en rendre compte au consul. Ce dernier lui indique si les remises de pièces doivent être faites contre récépissé.

20. Agents délégués du consul. — L'agent consulaire est, en général, l'agent d'exécution des décisions du consul, sous la responsabilité de celui-ci. Ainsi, il prend les mesures que lui indique le chef de la circonscription, par exemple, pour les rapatriements d'indigents ou de militaires. Il doit strictement se conformer aux instructions qu'il reçoit.

21. Délégation en cas de naufrage. — L'Ordonnance du 29 octobre 1833 (art. 57) autorise le consul à faire prendre par l'agent consulaire les mesures nécessaires en cas de naufrage, en attendant qu'il se rende lui-même sur les lieux.

22. Rôle officieux de l'agent consulaire en matière de successions et de tutelle. — Délégation du consul. — L'article 6 de l'Ordonnance du 26 octobre 1833 porte : « En cas de décès d'un Français, les agents consulaires se bornent à requérir, s'il y a lieu, l'apposition des scellés de la part des autorités locales, à assister à toutes les opérations qui en sont la conséquence, et à veiller à la conservation de la succession en tant que l'usage et les lois du pays les y autorisent.

« Ils auront soin de rendre compte à nos consuls des mesures qu'ils auront prises en exécution de cet article, et ils attendront les pouvoirs spéciaux pour administrer, s'il y a lieu, la succession. »

Jamais, en effet, un agent consulaire ne peut liquider d'office une succession, même si cette faculté lui a été accordée par traité.

« **Les stipulations internationales peuvent bien reconnaître à ces agents la** faculté d'exercer certaines fonctions spécialement définies; mais elles ne sauraient, en aucun cas, les investir d'attributions que ne comporte pas le mandat qu'ils ont reçu de leur gouvernement. (Circ. du 14 août 1866.)

Mais le consul peut donner délégation dans les limites qu'il lui plaît, à l'agent consulaire pour recouvrer les successions. La circulaire précitée porte cependant que « Si l'agent n'avait pas qualité pour recevoir des dépôts, cette délégation ne peut s'étendre aux actes qui donnent lieu de leur part à un mouvement de fonds, et dans ce cas ils doivent envoyer immédiatement au consul dont ils relèvent les sommes provenant d'une succession française ».

En matière de tutelle, l'agent consulaire ne peut jamais présider un conseil de famille, même par délégation; il n'a aucun caractère public. Il doit seulement avertir le consul, et faire les démarches nécessaires auprès des autorités locales pour la conservation des biens des mineurs.

23. Délégation pour la constatation des infractions à la loi du 10 mars 1891 sur les accidents et collisions en mer. — Le chef de l'arrondissement peut déléguer aux agents consulaires, même étrangers et non autorisés à suppléer les administrateurs de la Marine, les pouvoirs dont les consuls sont investis pour rechercher les délits ainsi que les causes des sinistres maritimes. Le consul doit donner avis de cette délégation au ministre de la Marine.

« En déléguant ses pouvoirs, le chef de l'arrondissement devra appeler l'attention des agents sur les devoirs d'investigation minutieuse que dictent pour la recherche des causes des sinistres maritimes, les règlements en vigueur. Il les invitera à procéder avec le plus grand soin aux interrogatoires des équipages, à reproduire les dépositions avec exactitude et détails, à accompagner les dossiers de toutes les constatations de faits, des croquis et plans de nature à éclairer les juges, et à y joindre des conclusions sur la suite à donner aux affaires (1).

24. Délégation en matière d'instruction criminelle en pays de juridiction. — En matière criminelle, les consuls peuvent faire faire des visites et perquisitions aux domiciles et établissements des inculpés, par les agents consulaires, après leur avoir donné à cet effet une délégation spéciale. (Loi du 28 mai 1836, art. 7.)

§ 5. — Pouvoirs de tous les agents consulaires sans autorisation spéciale.

25. Responsabilité des agents. Caractère juridique de ces pouvoirs. — Ce sont des pouvoirs de l'ordre administratif. Les agents n'encourent aucune responsabilité personnelle s'ils exécutent les prescriptions des règlements ou les instructions de leurs chefs hiérarchiques.

26. Visa des pièces de bord. Enregistrement de manifestes. — Lorsqu'un capitaine français apporte son rôle pour être visé par l'agent consulaire, celui-ci doit remplir la case réservée à cet effet et prendre note dans un cahier spécial : 1° du jour de l'arrivée et de celui du départ ; 2° on doit y signaler le port d'attache du navire ; 3° les noms du capitaine et du navire ; 4° le genre de cargaison ; 5° le tonnage ; 6° le nombre des gens de l'équipage, et enfin, 7° le port de destination. (Ordonnance du 26 octobre 1833, art. 4.)

27. Pouvoir disciplinaire sur les navires de commerce. — L'article 4 de l'ordonnance du 26 octobre 1833, prescrit à l'agent consulaire d'appuyer le capitaine pour assurer le maintien de la discipline à bord.

Cette disposition n'a pas été reproduite dans le décret-loi

______
(1) Monnet, *Manuel diplomatique et consulaire*, 1905, p. 448.

du 24 mars 1852 qui ne donne aucun pouvoir aux agents con-sulaires.

28. Naufrages. — Si les premiers avis parviennent à un agent consulaire, il est tenu en prenant des mesures provisoires, de rendre compte de l'événement au consul (art. 57 de l'Ordonnance du 29 octobre 1833). Les mesures provisoires sont : le sauvetage des marins et des passagers, l'identification des corps, l'établissement d'actes d'état civil par l'autorité locale ou de procès-verbaux de disparition, l'inhumation des décédés, les soins à donner aux blessés et noyés, le sauvetage de la cargaison et la mise en magasin des effets sauvés. Si l'agent consulaire fait fonction d'administrateur de la marine, il peut liquider lui-même le naufrage ; sans quoi, il doit attendre les instructions du consul. V. n° 52.

29. Primes à la navigation. — Les agents consulaires peu-vent annoter les registres de traversées.

Dans les vingt-quatre heures de son arrivée dans un port ou sur un point de relâche quelconque, le capitaine présente son registre des traversées à l'agent consulaire.

Ce fonctionnaire, après avoir reconnu l'identité du navire par l'examen des papiers de bord, inscrit sur le registre la date de l'arrivée, et dresse deux extraits constatant le voyage qui vient d'être effectué. Chaque extrait mentionne :

1° Le détail de l'effectif porté au rôle d'équipage tel qu'il a été arrêté en suite de la déclaration d'armement, et, si l'effectif n'est pas au complet, les motifs pour lesquels il y a des manquants.

2° Le chargement du navire en tonneaux d'affrètement.

3° La route suivie par le navire, dans le cas où celui-ci aurait emprunté la voie d'un canal artificiel.

Si le navire arrive dans un port où il ne se trouve ni commissaire, ni consul, le capitaine se fait délivrer un certificat par le commandant d'un navire de guerre ou par les autorités locales.

Ce certificat ou, à défaut, un rapport du capitaine affirmé sous serment par l'équipage, est remis à l'autorité consulaire du premier port de relâche, qui en délivre une copie certifiée et en fait mention sur le registre des traversées.

30. Patentes de santé. — Les agents consulaires peuvent délivrer les patentes de santé constatant l'existence ou la non existence de maladies contagieuses dans le port de départ du navire (décret du 4 janvier 1896). La patente est *nette* quand elle constate l'absence de toute maladie ; elle est *brute* quand une maladie est indiquée.

Les patentes délivrées par les autorités étrangères doivent être visées par les agents français. En cours de route, les patentes doivent également être visées à chaque escale. Ce visa ne doit pas être une simple légalisation de signature, mais confirmer l'exactitude des mentions inscrites sur le document, ou les rectifier.

31. Certificats de vie. — Les agents consulaires délivrent les certificats de vie (Ordonnances du 26 octobre 1833 art. 7). Les pensionnaires militaires autorisés à résider à l'étranger et ceux de la marine doivent toujours s'adresser à cet agent s'ils habitent dans un rayon de 24 kilomètres du siège de l'agence (1). Dans les autres cas, le certificat peut être établi par les autorité locales et visé par l'agent. La date doit être écrite en toutes lettres.

32. Passeports. — Les agents consulaires sont compétents pour délivrer des passeports (Ordonnance du 26 octobre 1833, art. 7) aux Français qui se présentent pour en obtenir, après s'être assurés de leur qualité et identité.

Dans tous les cas où les lois et usages du pays dans lequel ils sont établis n'y font pas obstacle, ils peuvent en délivrer *pour la France,* aux étrangers qui leur en demanderont.

Ils doivent viser les passeports délivrés pour la France à des sujets étrangers, par des autorités étrangères, lorsque ces passeports leur paraîtront dans les formes régulières (Ordonnance du 25 octobre 1833, titre Ier). Si les requérants sont incapables (femme mariée, mineur, interdit), l'agent ne doit accorder le titre de voyage qu'après s'être assuré que les intéressés ne le demandent pas uniquement pour se soustraire frauduleusement à l'autorité maritale ou paternelle. On ne délivre de passeports collectifs que pour les membres d'une même famille (2).

(1) Pillaut, *op. cit.*, p. 150.
(2) Pillaut, *op. cit.*, p. 103 et 104.

33. Légalisation et visa. — Les agents consulaires ont pouvoir de légaliser et viser (Ordonnance du 26 octobre 1833, art. 7).

Ils doivent légaliser les actes délivrés par les autorités ou fonctionnaires publics de leur arrondissement, en ayant soin de mentionner la qualité du fonctionnaire ou de l'autorité dont l'acte émane, et d'attester qu'il est à leur connaissance que ce fonctionnaire a actuellement, ou avait, lorsque l'acte a été passé, la qualité qu'il y prend.

Les agents ne sont point obligés de donner de légalisation aux actes sous signature privée. Toutefois, lorsque des légalisations ou attestations de signatures auront été données sur des actes sous seing privé, soit par des fonctionnaires publics, soit par des agents diplomatiques ou consulaires, ils ne pourront refuser de légaliser la signature de ces fonctionnaires. (Ordonnance du 25 octobre 1833, titre II.)

34. Déclarations relatives à la nationalité. — Les termes du décret du 13 août 1889 laissent supposer que les agents consulaires sont compétents pour recevoir les déclarations relatives à la nationalité. Les questions de nationalité sont infiniment complexes. Il est préférable que les agents consulaires en réfèrent au chef de la circonscription.

35. Service militaire. Inscription des jeunes gens. Changements de résidence. — L'agent consulaire inscrit sur un registre spécial les jeunes gens âgés de vingt ans résidant dans sa circonscription, et fait parvenir leurs noms au chef de poste, en vue de l'établissement du tableau de recrutement. Selon les instructions qu'il reçoit, il fait paraître dans les journaux ou autrement, des avis invitant les intéressés à s'inscrire à l'agence. Il reçoit également les demandes de sursis, les dossiers sanitaires, etc., et les transmet au consul.

Les réservistes et territoriaux, ainsi que les inscrits maritimes, lorsqu'ils voyagent ou se fixent à l'étranger, doivent faire devant l'agent consulaire des déclarations de changement de résidence.

L'agent est muni à cet effet d'un registre spécial qu'il doit remplir, à l'aide des indications contenues à la page d'état civil du livret militaire ou maritime de l'intéressé. Il remet un récépissé au déclarant, et envoie au chef de l'arrondissement consulaire, dans les huit jours, le double de la déclaration. Il doit également viser le livret à l'endroit indiqué à cet usage.

Il faut prévenir les inscrits maritimes que s'ils restent trois ans sans naviguer sur un bâtiment français, ils seront rayés des cadres de l'Inscription Maritime.

36. Certificats d'embarquement, débarquement, transbordement de marchandises. — Les agents consulaires ont qualité pour constater et dresser des certificats d'embarquement, de débarquement ou de transbordement de marchandises d'un navire sur un autre, à la demande des capitaines.

Ils peuvent également délivrer des certificats constatant qu'un navire entré dans un port s'est abstenu de toutes opérations commerciales; ne sont pas considérées comme telles les achats de vivres ou objets nécessaires pour les besoins du navire.

37. Certificat pour l'entrée en France de mobiliers personnels. — Les objets de toute nature composant le mobilier personnel de personnes venant s'établir en France sont admissibles en franchise, quand ils sont notoirement affectés depuis longtemps à l'usage des importateurs et de leur famille, et portent des traces de service. L'admission en est subordonnée à la condition que les intéressés produisent à l'appui de leur déclaration un inventaire détaillé, ainsi que la justification du changement de résidence, laquelle doit consister en un certificat de l'agent consulaire du point de départ, ou d'un certificat émanant des autorités locales; mais alors visé par l'agent consulaire.

L'immunité s'applique à tous les objets d'ameublement y compris les tapis et tapisseries de toute sorte, aux habillements, au linge de corps, de lit, de table et de cuisine, à la verrerie, à la vaisselle (y compris la porcelaine), aux pianos et autres instruments de musique, aux machines à coudre, à l'argenterie, sauf à assurer, quand il y a lieu, la perception du droit de garantie, et aux ustensiles quelconques de ménage, en un mot à tout ce qui constitue un mobilier, pourvu que les objets soient usagés. Mais ces immunités ne sont pas applicables aux provisions de ménage, aux voitures suspendues, aux chevaux, aux harnais et aux vélocipèdes. Dans la plupart des grands ports, la douane a reçu des instructions à ce sujet; mais si l'on a l'intention de débarquer dans un port peu important, il serait plus prudent de prévenir le directeur des douanes d'un des grands ports français le plus proche de l'endroit où l'on doit se rendre.

38. Certificats d'origine. — L'intervention des agents consulaires en matière de certificats d'origine, peut se produire sous trois formes; ils peuvent être appelés : 1° à délivrer eux-mêmes des certificats, 2° à viser les certificats délivrés par les autorités locales, 3° enfin à légaliser les signatures apposées par ces autorités sur les certificats.

1° Dans le premier cas, c'est-à-dire dans le cas où le certificat est établi par l'agent lui-même, sur la demande de l'expéditeur, on doit s'assurer de l'origine des marchandises par tous les moyens possibles, et se faire au besoin représenter toutes justifications nécessaires.

D'après la législation française, le certificat doit être délivré par l'agent résidant dans le lieu d'expédition ou dans le port d'embarquement. Il s'ensuit que les marchandises, dont l'origine est certifiée, peuvent ne pas être originaires de la ville même où exerce l'agent, ou même de sa circonscription consulaire. Si les produits dont on demande de certifier l'origine ont été récoltés ou manufacturés dans le pays de la résidence, mais dans une partie de ce pays située en dehors de la circonscription consulaire, l'agent ne doit pas hésiter à délivrer les certificats, du moment que, par les renseignements particuliers qu'il possède, ou par des preuves ou références qui lui ont été fournies, il est suffisamment édifié sur le fait qu'il s'agit d'établir. La règle en vertu de laquelle les certificats doivent être délivrés au pays d'origine, ne s'applique pas à ceux qui ont pour objet non d'établir qu'une marchandise est de telle ou telle origine, mais qu'une marchandise importée a ou n'a pas reçu une main-d'œuvre déterminée dans le pays d'importation.

Les agents résidant dans la métropole ne peuvent certifier l'origine des produits des colonies.

2° Les certificats délivrés par les autorités locales peuvent être soumis au visa. On ne doit viser les certificats que dans les cas où l'on a qualité pour délivrer soi-même ces attestations. Il s'ensuit notamment qu'un agent français n'est pas compétent pour viser un certificat d'origine même dressé par une autorité locale du pays où il réside, si la marchandise qui en fait l'objet est originaire d'un autre pays, ou même d'une colonie de ce pays.

3° Pour la légalisation, à la différence du visa, elle n'entraîne aucune approbation ou improbation du contenu du certificat, mais seulement la garantie de l'authenticité de la signature. Cette formalité peut être accomplie même dans le cas où l'agent n'aurait pas qualité pour viser ou délivrer.

39. Transport de corps. — Aucun corps ne peut pénétrer en France sans autorisation du ministre de l'Intérieur. Cette autorisation peut être demandée télégraphiquement avec réponse payée. Avoir soin d'indiquer la localité où doit avoir lieu l'inhumation, et par quel point de la frontière entrera le corps.

L'agent consulaire, quand l'autorisation a été obtenue, doit délivrer :

1° Un certificat constatant la nature de la maladie qui a précédé le décès et l'accomplissement des mesures prescrites pour la conservation du corps.

2° Un acte établissant l'identité du défunt.

Le cercueil doit être scellé du sceau de l'agence.

La circulaire du 4 novembre 1868 recommande de ne rien négliger pour que les certificats qui émanent des agents présentent toutes garanties d'exactitude possible. A cet effet, il est nécessaire d'en subordonner la délivrance à la déclaration préalable d'hommes de l'art qui sont commis par l'agent à la vérification des opérations accomplies sous la direction des autorités locales.

§ 6. — Pouvoirs spéciaux des agents consulaires.

40. Caractère juridique des pouvoirs spéciaux. — Les pouvoirs spéciaux, dont l'exercice ne peut être conféré aux agents consulaires que par décret, sont de trois sortes :

1° Les pouvoirs de l'ordre judiciaire : état civil, actes notariés.

2° Les pouvoirs de l'ordre administratif : dépôts, administrateur de la marine, immatriculation, visite médicale des personnes appelées au service militaire.

3° Les pouvoirs judiciaires ; ceux du décret du 22 septembre 1854 en matière maritime, les commissions rogatoires.

Les agents consulaires sont alors investis d'attributions identiques à celles conférées aux agents de carrière, et entièrement assimilés à ceux-ci.

41. Responsabilité des agents. Pouvoirs de l'ordre judiciaire. — Les agents sont personnellement responsables des fautes qu'ils commettent. Les instructions du chef de la circonscription ne les couvrent pas (1).

42. Conduite de l'agent consulaire qui n'est pas investi de pouvoirs spéciaux en matière d'état civil. — Il doit rappeler aux Français que, d'après l'article 47 du code Civil : « Tout acte de l'état civil des Français fait en pays étranger, fait foi s'il a été rédigé dans les formes usitées dans le dit pays ». Il faut faire exception pour le mariage. L'article 170 décide qu'il faut procéder à la formalité de la publication prescrite par l'article 63 au titre des actes de l'état civil, et ne pas contrevenir aux dispositions contenues au chap. ı du titre V.

Les expéditions d'actes délivrées par l'autorité locale doivent être légalisées, pour être valables en France.

43. Dans quelle mesure les pouvoirs d'officiers de l'état civil sont-ils accordés aux agents consulaires. — L'agent consulaire doit être autorisé par décret (art. 7 de l'Ordonnance du 26 octobre 1833). Il ne doit user que des pouvoirs qui sont mentionnés dans cet acte. On ne leur confère parfois que la faculté d'enregistrer les naissances et les décès : ils doivent alors s'abstenir de célébrer des mariages.

44. Publications de mariage. — En principe, les publications de mariage doivent être faites au domicile des intéressés.

____

(1) Pillaut, *Manuel de Droit consulaire*, p. 34 et 42.

Lorsqu'il n'existe qu'une agence dont le titulaire n'est pas officier de l'état civil, elles doivent être faites par les soins de l'autorité locale. Dans le cas où il ne serait pas d'usage d'en faire dans le pays, les publications sont alors affichées au consulat dont l'agence relève.

Elles seront inscrites sur le registre de ce consulat, et affichées en chancellerie. Le consul en transmettra des copies pour être affichées à l'agence consulaire. Après les dix jours réglementaires, dont deux dimanches, le consul enverra les certificats de non-opposition. Les perceptions seront faites à l'agence consulaire et seront acquises à cet agent.

45. Consentements à mariage. — Depuis la loi du 20 juin 1896 qui permet aux maires de France de recevoir des consentements à mariage, il semble que la même compétence doit être reconnue aux agents consulaires investis même de pouvoirs restreints d'officiers de l'état civil.

46. Conduite de l'agent quand il n'est pas investi des pouvoirs de notaire. — Dans la plupart des cas, la loi française n'exige pas qu'un acte soit nécessairement authentique.

On peut le plus souvent passer les contrats sous seing privé. Il suffit alors que la signature des parties soit légalisée par l'agent consulaire.

Mais le ministère d'un officier public est obligatoire pour recevoir certains actes : les procurations relatives aux actes de l'état civil (art. 36 et 73 du C. C.), aux déclarations de nationalité, aux soumissions de caution (art. 519 C. Procédure civile), aux donations entre vifs (art. 933 C. C.), aux contrats de mariage, aux hypothèques, aux cessions de brevets, aux actes relatifs aux sociétés anonymes, etc.

L'agent consulaire, dans ce cas, peut renvoyer les intéressés ou devant le chef de l'arrondissement consulaire, ou devant un officier public local, un acte passé à l'étranger bénéficiant en France, au point de vue de la foi qui lui est due, du caractère d'authenticité qu'il a reçu d'après les lois du pays où il a été dressé (1). Il y a

_____

(1) Pillaut, *Manuel de droit consulaire*, p. 175.

exception lorsqu'il s'agit d'hypothèque sur des biens situés en France (1).

La signature de l'officier public local doit être légalisée.

47. Pouvoirs de notaire. — Les agents consulaires doivent être autorisés par décret (art. 7 de l'Ordonnance du 26 octobre 1833). Ils doivent exercer leurs pouvoirs dans les limites indiquées dans cet acte. On ne leur confère parfois que la faculté de recevoir les actes simples en brevet. Ces derniers sont toujours des actes unilatéraux ne contenant pas de stipulation que les tiers peuvent invoquer, ou n'ayant pour objet qu'une chose d'un intérêt momentané : autorisation maritale, certificat de propriété, procuration, quittance, acceptation de lettre de change, aval de garantie, consentement à mariage, à engagement militaire, acte de notoriété (pour succession), etc.

48. Responsabilité des agents en matière de l'ordre administratif. — En matière de l'ordre administratif, l'agent n'est responsable que de ses fautes personnelles, et non, s'il suit exactement les prescriptions des lois, décrets et ordonnances ou les instructions de ses chefs hiérarchiques.

49. Dépôts. — Le droit de recevoir des dépôts est très rarement accordé aux agents consulaires. Les règles relatives aux dépôts sont contenues dans l'Ordonnance du 24 octobre 1833.

50. Immatriculation. — L'agent consulaire en général transmet seulement la demande d'immatriculation au chef de la circonscription. Le droit de tenir un registre peut lui être accordé par décret, mais seulement pour inscrire les Français ou les indigènes des colonies ou des pays de protectorat. Jamais il ne peut immatriculer des étrangers, même en pays de juridiction (décret du 16 septembre 1910).

51. Visite médicale des personnes appelées au service militaire. — Dans les pays où les circonscriptions consulaires

(1) Pillaut, *Manuel de droit consulaire*, p. 176.

sont très étendues, le ministre de la guerre peut autoriser que les visites soient passées au siège de certaines agences consulaires.

52. Administrateurs de la Marine. — Les agents doivent exercer les pouvoirs dans la limite indiquée par le décret qui les investit de ces fonctions. Lorsqu'elles sont complètes, ces fonctions comprennent :

1° L'exercice du pouvoir disciplinaire du décret-loi du 24 mars 1852;
2° L'armement et le désarmement des navires;
3° Les autorisations d'embarquement et de débarquement des gens de mer;
4° Le règlement des salaires des gens de mer, l'autorisation de payer des acomptes;
5° Le rapatriement des marins;
6° Le droit de constater les infractions aux lois maritimes par procès-verbal;
7° Les opérations de sauvetage et la liquidation des naufrages;
8° Le paraphe du livre de punition, du journal de la machine, du livre de réclamations et leur remplacement en cas de perte;
9° La délivrance des certificats d'arrivée et de départ des navires;
10° La recherche et l'arrestation des déserteurs.

La circulaire du 8 juillet 1872 rappelle que les agents consulaires, non investis des pouvoirs d'officier de l'état civil, ne peuvent recevoir les expéditions d'actes de naissance ou de décès survenus en mer. Mais ceux autorisés à remplir les fonctions d'administrateur de la marine, peuvent recevoir et transmettre aux consuls deux exemplaires des actes dressés pendant la traversée.

En aucun cas, les agents consulaires, même administrateurs de la marine, ne peuvent délivrer de permis de navigation. L'article 16 de la loi du 17 avril 1907 donne uniquement cette compétence aux consuls généraux, consuls et vice-consuls.

§ 7. — Pouvoirs judiciaires.

L'article 2 de l'Ordonnance du 26 octobre 1833 spécifie que les agents consulaires n'exercent aucune juridiction. Aussi les pouvoirs dont il est question ci-dessous ne leur sont conférés que parce que, si, théoriquement, ils peuvent être considérés comme judiciaires, en pratique, ils ont perdu ce caractère.

53. Pouvoirs du décret des 22 septembre 1854. Suppléance du tribunal de commerce. — Art. 1. Lorsqu'un navire de commerce français relâche avec ou sans avaries, dans le port de leur résidence, les agents vice-consuls de France pourront, comme les consuls, et lorsque ces attributions leur auront été spécialement conférées par nous : 1° Recevoir tous rapports de mer et protêts d'avaries; 2° Nommer et commettre sur la requête des capitaines tous experts pour, sous la foi du serment, visiter les navires et consentir des emprunts à la grosse aventure, soit pour vendre ou mettre en gage la partie de la cargaison nécessaire, soit pour acquitter les dépenses résultant de leur relâche.

2. Les mêmes agents pourront aussi, sur le vu du rapport d'experts constatant l'état d'innavigabilité du bâtiment de commerce, en autoriser l'abandon ou la mise en vente.

Les actes accomplis par les agents en vertu de ce décret n'ont jamais été considérés par la jurisprudence comme des actes de juridiction contentieuse. Ils ont toujours été qualifiés de mesures conservatoires et de protection prises dans l'intérêt d'absents et pouvant être attaquées devant les tribunaux de première instance (1).

54. Commissions rogatoires. — La faculté d'exécuter des commissions rogatoires n'appartient, en France, qu'aux personnes investies d'un caractère judiciaire. Elle ne doit pas être étendue aux agents consulaires (Lettre du Garde des Sceaux au ministre des Affaires Étrangères, en date du 14 août 1877. B. O. M. J., 1877, p. 97).

En matière pénale, cependant, rien ne s'oppose à ce que l'on joigne à la procédure les témoignages reçus par les agents consulaires *à titre de simples renseignements*.

55. Instruction en matière criminelle dans les pays de juridiction. — Les agents consulaires doivent donner immédiatement avis au consul des contraventions, délits et crimes qui

_____

(1) Cassation, 1er août 1843. (Dalloz répertoire droit maritime N° 2076. Cassation, 28 nov. 1851 P. 1851.1.287. Cassation, 3 août 1867. S. 1867.1.385 etc.).

y seront commis; ils recevront aussi les plaintes et dénonciations et les soumettront à ces officiers. Ils dresseront dans tous les cas les procès-verbaux nécessaires; ils saisiront les pièces de conviction et recueilleront, *à titre de renseignements*, les dires des témoins. En cas de *flagrant délit*, ils peuvent pratiquer des descentes et perquisitions aux domiciles et établissements des inculpés. (Voir les n°s 24 et 54). (Loi du 28 mai 1836, art. 7.)

CHAPITRE II

COMPTABILITÉ. — TARIF DES CHANCELLERIES

56. Rémunération des agents consulaires. — Les agents consulaires n'ont pas de traitement. Les taxes portées au tarif des chancelleries sont les seuls émoluments qu'ils touchent pour le travail fourni par eux.

Il est prélevé au profit du Trésor, sur leurs recettes de chancellerie, 25 % sur le montant annuel calculé sur la somme excédant 1.000 francs jusqu'à 3.000 francs, et 50 % au-dessus de 3.000 (Tarif des chancelleries, observation XIII). En cas de changement de titulaire, en cours d'année, le calcul de la part revenant au Trésor est effectué d'après le barème ci-dessus et au prorata de la durée.

57. Livre à souches. — Les agents consulaires tiennent un livre à souches par année ou par titulaire, où ils inscrivent toutes les recettes de chancellerie. Ce livre est fourni par eux. Le Ministère des Affaires Étrangères leur remet cependant un registre, s'ils sont désignés comme susceptibles d'avoir à adresser partie de leurs recettes excédant 1.000 francs.

En fin d'année, ou en cas de changement de titulaire, les agents transmettent au chef de la circonscription ce registre, après l'avoir clos et arrêté dans la forme ci-dessous par une déclaration établie en double exemplaire, dont l'une est conservée dans les archives de l'agence.

Exemple :

AGENCE CONSULAIRE D

RECETTES DU 1ᵉʳ JANVIER AU 31 DÉCEMBRE 191 : 5.000ᶠ

RÉPARTITION

POUR LE TRÉSOR.		POUR MOI-MÊME.	
Jusqu'à 1.000 francs	Néant.	Jusqu'à 1.000 francs........	1.000ᶠ
De 1.000 francs à 3.000 francs, 25 %....................	500ᶠ	De 1.000 francs à 3.000 francs, 75 %....................	1.500
De 3.000 francs à 5.000 francs, 50 %....................	1.000	De 3.000 francs à 5.000 francs, 50 %....................	1.000
Montant égal à la traite envoyée	1.500	Montant égal à la déclaration pour frais de bureau et honoraires....	3.500

5.000 francs.

58. Envoi des fonds. — En même temps que le livre à souches, l'agent envoie au chef de poste une traite en francs à l'ordre du caissier payeur central du Trésor public à Paris, traite de toute solidité tirée à vue sur Paris ou à 30 jours de vue au plus.

Cette traite représente le montant de la somme qui est due par lui au Trésor et dont le chiffre a été calculé dans les conditions prévues à l'article précédent.

A l'envoi de la traite, l'agent annexe, pour la part qui lui revient à titre de frais de bureau et d'honoraires, un reçu libellé en francs. Ce reçu ne doit comprendre ni augmentation ni déduction ; c'est-à-dire ni bénéfice ni perte de change, ou frais d'achat ; les recettes ou les dépenses de cette espèce étant laissées au profit ou à la charge de l'agent consulaire.

MODÈLE

SPÉCIMEN O.

L'Agent consulaire de France à   déclare avoir retenu à son profit dans les conditions prévues au Tarif des Chancelleries la somme de trois mille cinq cents francs pour la part qui lui revient, à titre de frais de bureau et honoraires, sur le montant des perceptions effectuées par lui pendant l'année 19 .

Fait à   , le   19 .

L'Agent consulaire de France,

Timbre
de l'Agence
consulaire.

Timbre
du
poste.

VU et APPROUVÉ
par le Chef de poste dont dépend
l'Agence consulaire :

59. — **Gratuité. Demi-droit.**

I. *Gratuité.* — Sauf les exceptions ci-après ou celles résultant des observations du tarif, les consuls et chanceliers ne peuvent dispenser personne du payement des droits de chancellerie;

(*a*) La gratuité est acquise de plein droit :

1° Aux pièces et formalités demandées par des personnes dont l'indigence a été dûment justifiée;

2° Aux pièces qui doivent être produites, par des Français ou des étrangers, à la caisse nationale des retraites pour la vieillesse (loi du 20 juillet 1886, art. 24); aux deux caisses d'assurances en cas de décès et en cas d'accidents, gérées par la caisse des dépôts et consignations (loi du 11 juillet 1868, art. 19); aux sociétés de secours mutuels approuvées (loi du 1er avril 1898, art. 9); aux pièces qui doivent être produites pour l'exécution de la loi sur les accidents du travail (loi du 9 avril 1898, art. 29); aux pièces nécessaires pour toucher une somme quelconque d'une des caisses de l'établissement des invalides de la marine;

3° Aux pièces relatives aux successions des militaires français en cours de campagne et des marins en cours de campagne ou de voyage;

4° Aux pièces établies pour les options de nationalité et en vue du service militaire;

5° Aux certificats de bonnes vie et mœurs; à la légalisation de ces certificats et des extraits du casier judiciaire, lorsque ces actes et formalités sont requis par des Français;

6° Aux pièces établies dans un intérêt administratif français.

(*b*) La gratuité pourra être accordée à des autorités étrangères qualifiées, soit dans un intérêt administratif, soit, à titre exceptionnel, par mesure de courtoisie, pour les documents qui leur sont personnellement utiles.

II. *Demi-droit.* — Après justification et à titre exceptionnel, les consuls ont la faculté de ne percevoir que le demi-droit, pour les actes et formalités visés au tarif, lorsque la situation du redevable lui rendrait trop onéreux le payement du droit entier et qu'il ne serait cependant pas dans le cas d'en être totalement exonéré. Cette faveur pourra être accordée aux étrangers.

De plus, il faut tenir compte des stipulations des traités qui accordent parfois la gratuité à certains actes, particulièrement pour les certificats d'origine.

60. — **Réciprocité. Surtaxes de non-immatriculation.**

I. *Réciprocité.* — Actes concernant les étrangers. — Pour certains articles spécialement mentionnés au tarif, le principe de la réciprocité est appliqué aux étrangers originaires de pays dont les tarifs comportent, pour ces articles, des droits supérieurs aux nôtres.

En cas de doute sur la nationalité du requérant, c'est le tarif français qui lui est appliqué.

Le système de la réciprocité n'est pas suivi toutes les fois qu'une disposition d'un tarif étranger prévoit comme taxe la perception des émoluments des notaires, avocats ou traducteurs locaux.

II. *Surtaxes de non-immatriculation.* — Les droits de chancellerie à percevoir sur le certificat d'immatriculation et sur tout acte requis par un Français ou protégé français, qui ne s'est pas fait immatriculer ou inscrire dans un délai de trois mois après son arrivée dans la circonscription consulaire, seront majorés dans la proportion suivante : 1 franc en Europe ; 25 p. 100 hors d'Europe ; 100 p. 100 dans les pays de juridiction.

61. — **Heures supplémentaires.**

(Surtemps. Overtime.) — Les actes de la navigation et ceux d'extrême urgence, tels que les testaments, les transports de corps, etc., requis en dehors des heures de bureau, donnent lieu à la perception d'une double taxe : les deux tiers de la perception sont versés au Trésor ; un tiers revient à l'agent qui a effectué la perception.

Si les actes sont requis de huit heures du soir à huit heures du matin ou les dimanches et jours fériés, ils donnent lieu à la perception d'une triple taxe. La répartition entre le Trésor et l'agent se fait dans la même proportion que ci-dessus.

Dans tous les cas, cependant, les paquebots français desservant des lignes postales subventionnées ne payeront que la double taxe.

62. — Change.

Les droits de chancellerie prévus au présent tarif sont perçus en monnaie locale à un change fixe arrêté pour chaque pays par le ministre des Affaires Étrangères ; l'article 11 du décret du 20 décembre 1890 étant abrogé par la présente disposition.

Exceptionnellement, le taux du change pourra être fixé par le chef de la mission diplomatique lorsqu'il aura reçu à cet effet une délégation spéciale du ministre.

63. — Articles du tarif que tous les agents consulaires sans exception peuvent percevoir.

NUMÉROS d'ordre	NATURE DES ACTES	TAXATION	
		fr.	c.
5	Légalisation des actes de l'état civil (actes de naissance, de reconnaissance, jugements ou arrêts de divorce ou d'adoptions ; certificats de publications et de non-opposition) : par acte légalisé....................	6	
	Pour les étrangers........................	Taxe de réciprocité.	
124	Expédition d'un bâtiment qui a opéré son déchargement ou son chargement complet ou partiel :		
	Par tonneau, jusqu'à 1.000 tonneaux..................	0	08
	Par tonneau, de 1.000 à 2.000 tonneaux................	0	02
	Par 100 tonneaux, au-dessus de 2,000 tonneaux (toute fraction supérieure à 50 tonneaux comptant pour 100 tonneaux ; toute fraction inférieure à 50 tonneaux étant négligée dans le calcul)...................	0	20
	L'expédition comprend l'ensemble des formalités et actes ordinaires qui peuvent être requis du consulat à l'arrivée, au départ et pendant le séjour ; savoir : 1° certificat d'arrivée et de déprat ; 2° rapport concernant la santé ; 3° visa du registre de bord ; 4° visa du congé ; 5° visa du rôle d'équipage ; 6° visa et enregistrement des manifestes d'entrée et de sortie ; 7° délivrance ou visa d'une patente de santé ; 8° certificats quelconques requis par l'autorité locale et relatif au navire ou à l'expédition ; 9° visa du certificat de bonne conduite d'un marin ; 10° mentions opposées sur les registres de traversées pour l'application de la loi sur la marine marchande (circulaire du 13 juin 1883) ; 11° toutes mentions ou pièces pour l'obtention des primes à la marine marchande (1). Sont exempts du droit d'expédition les bateaux armés pour la pêche.		
125	Expédition d'un bâtiment qui a opéré son déchargement ou son chargement complet ou partiel, s'il a déjà payé le droit entier d'expédition dans un des ports de l'État où il se trouve, et s'il n'a touché, depuis lors, à aucun port d'un autre État........................	0 02 par tonneau jusqu'à 2,000 tonneaux (minimum : 5 fr.	

(1) L'article 124 indique, en outre, un certain nombre de formalités qui ne peuvent être accomplies que par les agents faisant fonction d'administrateurs de la Marine.

NUMÉROS d'ordre	NATURE DES ACTES	TAXATION
		fr. c.
	1. — Voir les observations de l'article 124. 2. — Les ports situés dans les colonies ou dans les pays de protectorat d'un Etat n'étant pas considérés comme faisant partie de cet Etat, le droit de l'article 125 n'y est pas applicable. Ce droit sera perçu dans les ports subséquents d'une même colonie ou d'un même pays de protectorat. 3. — Le droit proportionnel ne se perçoit que jusqu'à concurrence de 2.000 tonneaux sur les navires d'un tonnage supérieur.	
126	Expédition d'un bâtiment faisant un service régulier dans chaque port de la ligne....................	0 02 par tonneau jusqu'à 2,000 tonneaux minimum : 5 fr.
	Voir les abréviations de l'article 124 et l'observation de l'article 125. Sera considérée comme faisant un service régulier toute entreprise de transports maritimes qui desservira périodiquement et au moins une fois par trimestre, suivant un horaire arrêté d'avance, le port où le présent tarif devra être appliqué. Les compagnies ou armateurs ont la faculté de ne payer que 13 fois par trimestre les droits prévus par l'article 126. Les versements, dans ce cas, doivent être effectués par anticipation, au début de chaque trimestre administratif. Cet abonnement est calculé sur la jauge nette moyenne des bâtiments affectés à la ligne pendant le trimestre, à raison de 2 fr. par 100 tonneaux jusqu'à 2.000 tonneaux ; toute fraction supérieure à 50 tonneaux comptant pour 100 tonneaux, et toute fraction inférieure à 50 tonneaux étant négligée dans le calcul. Ceux qui voudront bénéficier de cette réduction, remettront en chancellerie la liste des navires devant desservir la ligne pendant le trimestre et le relevé officiel de la jauge nette de chacun d'eux. Il sera délivré pour chaque navire, par les soins des consulats, où ces versements seront effectués, une carte trimestrielle d'expédition.	
127	Expédition d'un bâtiment en relâche, qui n'a débarqué ou embarqué ni marchandises, ni passagers payant fret...	0 01 par tonneau jusqu'à 2,000 tonneaux ; minimum : 5 fr.
	Voir les observations de l'article 124 et l'observation 3 de l'article 125. Les yachts de plaisance sont exemptés du droit d'expédition, sauf le cas où l'intervention consulaire est requise ; auquel cas il leur sera appliqué les droits ordinaires du tarif. Ne sont pas considérés comme relâches et ne donnent pas lieu, en conséquence, à la perception de la taxe, les arrêts sous voiles ou vapeur ou les mouillages pour embarquer des pilotes, déposer ou recevoir la correspondance postale, fuir les pirates, les ennemis, échapper à une tempête, transborder la marchandise si le navire est déclaré innavigable. Sont, au contraire, considérés comme relâche, les mouillages sur rade pour prendre des vivres, de l'eau, du charbon, des matelots, recevoir des ordres, étudier la place dans un but quelconque, soumettre la cargaison à	

NUMÉROS d'ordre	NATURE DES ACTES	TAXATION
		fr. c.
	des mesures sanitaires, la mettre en magasin jusqu'après la réparation du navire qui l'a conduite, vendre des marchandises dans le cas de l'article 234 du code de commerce, et, généralement, pour toute opération qui n'a pas pour objet un fret, par suite d'un déchargement volontairement opéré ou d'un chargement.	
136	Remplacement en cas de perte d'une patente de santé.	5 »
137	Visa de la patente de santé et des autres pièces de bord, s'il devient nécessaire, après expédition du navire. Par visa....................	5 »
152	Passeports aux Français. Par acte....................	12 »
	1. — Le droit est réduit à 4 fr. pour les Français ou protégés français de passage ou immatriculés dans les délais réglementaires.	
	2. — La gratuité est acquise de plein droit : 1° aux marins et militaires, pour la délivrance et le visa de leurs feuilles de route ; 2° aux émigrants, pour le visa des contrats passés entre eux et les agents d'émigration et qui leur tiennent lieu de passeports (circulaire du 10 février 1855).	
153	Passeports aux étrangers. Par acte....................	Taxe de réciprocité ; minimum : 20 fr.
154	Visa de passeports de Français. Par visa................	5 »
	1. — Le droit est réduit à 3 fr. pour tout Français ou protégé français de passage ou immatriculé dans les délais réglementaires.	
	2. — Voir l'observation 2 de l'article 152.	
	3. — Lorsqu'un même passeport est présenté au visa plusieurs fois dans le cours d'une même année, les divers visa ne donnent lieu qu'à la perception d'une seule taxe. Mais la taxe est due pour tout premier visa d'un passeport, quand même il se serait écoulé moins d'un an depuis l'époque du dernier visa apposé sur un passeport antérieur.	
155	Visa de passeports d'étrangers. Par visa................	Taxe de réciprocité ; minimum : 10 fr.
162	Certificat de vie pour perception de rente ou pensions annuelles. Légalisation de ces certificats par acte ou par légalisation....................	2 »
163	Certificats de vie pour perception de pensions et d'allocations fixes sur l'État, les départements, les communes et les administrations locales des colonies. — Légalisation de ces certificats. Par acte ou par légalisation...... Voir les observations 1 et 2 de l'article 171.	1 »
164	Certificats de vie dans tous les cas non visés par les deux articles précédents. — Légalisation de ces certificats. Par acte ou par légalisation.................... Voir les observations 1 et 2 de l'article 171.	6 »
165	Certificats quelconques requis par l'autorité locale. Par certificat....................	6 »
166	Certificats d'origine. — Légalisation ou visa de ces certificats. Par acte, par légalisation ou par visa.............	Taxe de réciprocité ; minimum : 6 fr.
	Aucune taxe n'est perçue dans les pays avec lesquels nous sommes liés par des accords entraînant la gratuité réciproque pour les certificats d'origine.	
167	Certificats de destination de marchandises. Certificats constatant qu'il a été ou qu'il n'a pas été embarqué ou débarqué de marchandises. Par acte :	

NUMÉROS d'ordre	NATURE DES ACTES	TAXATION
		fr.　c.
	Pour les Français....................................	8　　»
	Pour les étrangers....................................	Taxe de réciprocité; minimum : 12 fr.
	Cet article s'applique notamment au certificat du débarquement de morues; la taxe comprend, dans ce cas, l'assistance du délégué du consulat aux opérations de débarquement et d'expertise.	8　　»
170	Visa dans les cas non spécifiés. Par visa................	Taxe de réciprocité; minimum : 6 fr.
171	Voir l'observation 1 de l'article 171. Légalisation de signatures demandée par des Français. Par chaque légalisation....................................	12　　»
	Légalisation de signatures demandée par des étrangers. Par chaque légalisation................................	Taxe de réciprocité; minimum: 12 fr.
	1. — La légalisation ou le visa par le consul d'un acte reçu par le chancelier, de même que la légalisation ou le visa d'un acte fait ou légalisé par un agent consulaire de la même circonscription, ne donne lieu à aucune perception. 2. — Si le même acte est présenté en même temps à la légalisation en plusieurs expéditions, la première seulement donne lieu au payement du droit entier; les autres ne sont assujetties qu'au demi-droit. 3. — Le droit de légalisation est réduit de moitié pour les actes de la navigation, pour les Français et indigènes sujets ou protégés français, s'ils sont immatriculés ou régulièrement inscrits au consulat, et s'ils ne sont que de passage ou s'ils ne résident pas dans la circonscription consulaire, ainsi que pour les actes destinés à être transmis au siège des compagnies françaises d'assurances maritimes ou sur la vie établies en France. 4. — Le droit est réduit à 3 fr. dans les cas suivants: légalisations sur pouvoirs de se faire représenter en justice, dans un conseil de famille, ou pour retirer des lettres dans un bureau de poste; légalisations sur cartes d'identité des sociétés de chemins de fer, de navigation, du Touring-Club; légalisations sur pouvoirs pour toucher des sommes ne dépassant pas deux cents francs.........	
172	Patente de santé et visa de la patente de santé pour un navire étranger. Par acte ou visa..........................	Taxe de réciprocité; minimum : 20 fr.
173	Visa de manifeste d'un navire étranger quand il est requis. Par visa. Le droit proportionnel ne se perçoit que jusqu'à concurrence de 2,000 tonneaux sur les navires d'un tonnage supérieur....................................	Taxe de réciprocité; 0　　03 par tonneau jusqu'à 2,000 tonneaux minimum : 15 fr.
174	Déclaration, certificat, procès-verbal quelconque dans tous les cas non spécifiés. Par rôle de minute..............	Taxe de réciprocité; minimum: 12 fr.
	Expédition ou extrait. Par chaque rôle.................	6　　»
178	Recouvrement de créances, de successions, de sommes ou de valeurs quelconques, effectué soit par les agents du département, soit par les parties elles-mêmes, à la suite de l'intervention de ces agents, ou opéré en vertu d'accords internationaux. Sur le montant du recouvrement.	2 p. 100

NUMÉROS d'ordre	NATURE DES ACTES	TAXATION
		fr. c.
	Les taxes des articles 92, 175 et 178 ne se cumulent pas. Ces taxes ne sont jamais perçues au profit du Trésor toutes les fois qu'un recouvrement a été opéré par un agent consulaire. Lorsque le recouvrement est relatif à une chose de valeur indéterminée et inappréciable en argent, le droit proportionnel est remplacé par une taxe calculée d'après le nombre des vacations, par application de l'article 188.	
	Dans les cas de recouvrements opérés en vertu d'accords internationaux, le ministre peut, à titre tout à fait exceptionnel, et par arrêté motivé, exonérer les intéressés du payement du droit.	
179	Procès-verbal de transport de corps. Par acte............ Procès-verbal d'identification d'automobiles et autres appareils de transport. Par acte..........................	40 »
	Les procès-verbaux de cette nature s'appliquent à des automobiles ou autres appareils de transport de fabrication étrangère. Ils sont requis par les propriétaires pour réclamer à la douane française les cautionnements versés au moment de leur entrée en France et qui n'auraient pas été retirés à la sortie.	
180	Vacation, par chaque vacation..........................	20 »

64. Tableau pour l'application des taxes de réciprocité. — Les agents doivent le modifier s'ils ont la preuve que les taxes mentionnées ne correspondent pas à celles qui sont réellement perçues par les gouvernements étrangers. Ce tableau n'est donné qu'à titre d'indication.

Le système des taxes de réciprocité soulève, dans la pratique, de nombreuses difficultés, car les agents doivent se tenir au courant des modifications apportées aux tarifs étrangers. L'Autriche-Hongrie, pour assurer l'application de ce système, d'une façon régulière, et pour deux formalités seulement, le visa de passeport et les légalisations, a dû envoyer de nombreuses circulaires à ses consuls [1]. En règle générale, d'ailleurs, en cas de doute, ou s'il est impossible de se procurer les renseignements nécessaires, on peut toujours se contenter d'appliquer le tarif français.

(1) Voir Malfatti di Montetretto, *op. cit.*, vol. II.

TABLEAU DES TARIFS ÉTRANGERS

ARTICLES DU TARIF FRANÇAIS.	LÉGALISATION ACTES DE L'ÉTAT CIVIL. (Art. 5.)	PASSEPORTS (Art. 153.)	VISA DE PASSEPORTS (Art. 155.)	CERTIFICATS D'ORIGINE (Art. 166.)	LÉGALISATION ou VISA DE CERTIFICATS d'origine (Art. 166.)	LÉGALISATION DES SIGNATURES (Art. 171.)	PATENTE DE SANTÉ et VISA DE PATENTE DE SANTÉ. (Art. 172.)	VISA DE MANIFESTE (Art. 173.)	DÉCLARATION CERTIFICAT (Cas non spécifié.) (Art. 174.)
ALLEMAGNE. (Droits majorés et généralement doublés en Turquie et hors d'Europe).	5 fr. 65 Indigent : 1 fr. 90.	Étrangers : 3 fr. 75.	Étrangers : 1 fr. 90.	Sans frais.	Sans frais.	5 fr. 65. Sur pouvoir : 7 fr. 50.	7 fr. 50. Visa : 3 fr. 50.	Europe : 7 fr. 50. Hors d'Europe : 11 fr. 25.	7 fr. 50. De nationalité : 15 francs
ARGENTINE.	10 francs.	10 francs.	Non prévu.	Sans frais.	Sans frais.	10 francs.	20 francs. Visa : 10 francs.	0 fr. 10 par tonneau jusqu'à 2.000. 0 fr. 05 au-dessus.	20 francs.
AUTRICHE-HONGRIE	Nationaux : Visum : 4 fr. 75. Étrangers : réciprocité.	Réciprocité.	Réciprocité.	Sans frais ou 1:2 pour %.	Sans frais ou 4 fr. 75.	Signatures : D'autorité : 4 fr. 75. De particulier : 7 fr.60. Traitement de réciprocité pour les étrangers.	4 fr. 75.	Non prévu. Taxe des légalisations.	4 fr. 75.
BELGIQUE	3 francs.	8 francs.	1 fr. 50.	3 francs.	3 francs.	3 francs.	6 francs. 1 fr. 50.	3 francs.	1er rôle : 6 francs. En sus : 3 francs.
BOLIVIE	12 fr. 50.	7 fr. 50.	5 francs.	12 fr. 50.	12 fr. 50.	12 fr. 50.	....	....	....
BRÉSIL	14 fr. 25.	17 fr. 10.	8 fr. 55.	8 fr. 55.	8 fr. 35.	14 fr. 25.	28 fr. 50.	0 fr. 285 par tonne pour le 1er port. 0 fr. 142 pour les autres jusqu'à 500 tonneaux. Sur le surplus 0 fr. 0285. pour le 1er port. 0 fr. 0142 pour les autres.	14 fr. 20.
BULGARIE	5 francs (timbre en sus).	Pour 1 an : 5 francs.	5 francs.	1 franc pour le timbre.	1 franc (timbre).	5 francs. (Timbre en sus.)	10 francs.	1 franc.	1 franc.
CHILI	5 francs.	15 francs.	10 francs.	10 francs.	10 francs.	10 francs.	10 francs.	0 fr. 10 par tonne jusqu'à 2.000 tonneaux.	10 francs.
COLOMBIE	10 francs.	10 francs.	10 francs.	Droit de timbre.	Droit de timbre.	10 francs.	Néant.	Droit de timbre.	10 francs.
COSTA-RICA	5 francs.	5 francs.	5 francs.	Sans frais.	Sans frais.	15 francs.	Au-dessus de 50 tonneaux : sans frais. De 50 à 800 tonneaux : 120 francs. 2 fr. 40 par 100 tonneaux en sus ou fraction. Maximum de la perception : 156 francs.	....	....

ARTICLES DU TARIF FRANÇAIS.	LÉGALISATION ACTES DE L'ÉTAT CIVIL (Art. 5.)	PASSEPORTS (Art. 153.)	VISA DE PASSEPORTS (Art. 155.)	CERTIFICATS D'ORIGINE (Art. 166.)	LÉGALISATION ou VISA DE CERTIFICATS d'origine (Art. 166.)	LÉGALISATION DE SIGNATURES (Art. 171.)	PATENTE DE SANTÉ et VISA DE PATENTE DE SANTÉ (Art. 172.)	VISA DE MANIFESTE (Art. 173.)	DÉCLARATION CERTIFICAT (Cas non spécifié.) (Art. 174.)
RÉPUBLIQUE CUBAINE	15 fr. 57.	Étrangers : 15 fr. 55. Pour une famille : 20 fr. 75.	Étrangers : 10 fr. 40.	Sans frais.	Sans frais.	15 fr. 55.	Navire étranger : 20 fr. 75.	Navire étranger : 31 fr. 15.	26 francs.
DANEMARK	5 fr. 60.	7 francs.	5 fr. 60.	Sans frais.	Sans frais.	5 fr. 60.	7 francs.	Pour l'Islande et les îles Feröe : 0 fr. 09 par tonneau. Pas de droits pour les ports danois.	7 francs.
RÉPUBLIQUE DOMINICAINE	Ne figure pas dans la loi consulaire. Le tarif serait celui du pays de résidence du Consul.	10 francs.	10 francs.	Sans frais.	Sans frais.	10 francs.	10 francs.	30 francs pour les 4 exemplaires.	10 francs.
ÉQUATEUR	2 francs.	2 francs.	1 fr. 25.	1 fr. 25.	Sans frais.	2 francs dans les consulats.	25 francs.	0 fr. 05 par tonneau.	1 fr. 25.
ESPAGNE	6 francs.	4 classes : 10 francs. 5 francs. 3 francs. 1 franc.	Même taxe que pour les passeports.	5 francs.	2 francs.	5 francs. Sur les actes notariés même droit que pour dresser l'acte en chancellerie.	Ou expédition du navire. Moins de 150 ton² : 1 fr. 50 (0,01) de 500 ton² : 5 fr. (0,02) de 1,000 ton² : 20 fr. Au-dessus : 25 francs.	Moins de 150 ton² : 5 fr. (0,03) de 500 ton² : 15 fr. (0,04) de 1,000 ton² : 40 fr. Au-dessus : 60 fr.	5 francs.
ÉTATS-UNIS	10 fr. 40.	10 fr. 40.	5 fr. 20.	Sans frais.	Sans frais.	10 fr. 40.	25 francs.	0 fr. 05 par tonneau. 0 fr. 025 au-dessus de 1,000 tonneaux.	10 fr. 40.
GRANDE-BRETAGNE	6 fr. 35.	Nationaux : 6 fr. 35. Pas de passeport aux étrangers.	2 fr. 55.	Sans frais.	Sans frais.	6 fr. 35. Sur transfert : 2 fr. 55. Sur copie certifiée : 1 fr. 85 pour 100 mots. 1ᶠ 25 pour 100 mots en sus. Langue étrangère : double droit.	12 fr. 70.	3 fr. 20.	6 fr. 35.
GRÈCE	Nationaux : 3 francs. Étrangers : réciprocité.	Nationaux : 8 et 4 francs. Étrangers : réciprocité.	Nationaux : 4 fr. 50 et 3 francs. Étrangers : réciprocité.	Nationaux : 4 fr. 40. Étrangers : réciprocité.	Réciprocité.	5 francs : nationaux. 12 francs : Étranger.	Réciprocité.	Jusqu'à : 10 tonneaux : 1 fr. 10. 20 tonneaux : 2 fr. 20. 100 tonneaux : 4 fr. 40. Au-dessus : 6 fr. 60.	4 fr. 40. ou réciprocité.
GUATEMALA	25 francs.	25 francs.	25 francs.	N'en délivre pas.	25 francs si le visa est demandé.	25 francs. Sur pouvoir : 50 francs.	25 francs.	50 francs.	....
HAÏTI	10 francs.	10 francs.	10 francs.	Sans frais.	Sans frais.	10 francs.	25 francs.	25 francs.	10 francs.

TABLEAU DES TARIFS ÉTRANGERS

ARTICLES DU TARIF FRANÇAIS.	LÉGALISATION ACTES DE L'ÉTAT CIVIL (Art. 5.)	PASSEPORTS (Art. 153.)	VISA DE PASSEPORTS (Art. 155.)	CERTIFICATS D'ORIGINE (Art. 166.)	LÉGALISATION ou VISA DE CERTIFICATS d'origine (Art. 166.)	LÉGALISATION DE SIGNATURES (Art. 171.)	PATENTE DE SANTÉ et VISA DE PATENTE DE SANTÉ (Art. 172.)	VISA DE MANIFESTE (Art. 173.)	DÉCLARATION CERTIFICAT (Cas non spécifié) (Art. 174.)
HONDURAS	20 francs.	Étrangers :	Étrangers :	10 francs.	10 francs.	20 francs.	Navire étranger :	Navire étranger :	......
ITALIE	3 francs.	10 francs. Indigent : 2 francs.	Nationaux : sans frais. Étrangers : 5 francs.	Pour marchandises valant plus de 300 francs : 5 francs. Moins de 300 fr. : 3 fr.	Légalisation:10 francs.	Certificat de vie : droits variables. 9 francs. 1/2 p. 0/0 sur acte de vente. 1/4 sur quittance. État civil : 3 francs. Autres 10 francs.	10 francs.	10 francs.	12 francs. 5 francs.
JAPON	1 fr. 30 à 15 fr. 60 selon les postes.	5 fr. 20.	2 fr. 60.	1 fr. 30 à 15 fr. 60 selon les postes.	1 fr. 30 à 15 fr. 60 selon les postes	1 fr. 30 à 15 fr. 60 selon les postes.	7 fr. 80.	1 fr. 30 à 15 fr. 60 selon les postes.	1 fr. 30 à 15 fr. 60 selon les postes.
MEXIQUE	20 fr. 65.	Nationaux : sans frais. Étrangers : 10 fr. 35.	Nationaux : sans frais. Étrangers : 5 fr. 15.	20 fr. 65.	20 fr. 65.	20 fr. 65	10 fr. 35.	Sur lest : 20 fr. 65. Avec marchandises : 51 fr. 65.	10 fr. 35.
NORVÈGE	6 fr. 95.	6 fr. 95.	6 fr. 95.	Sans frais.	Sans frais.	6 fr. 95.	6 fr. 95.	Il n'y en a pas.	6 fr. 95.
NICARAGUA	20 francs.	......	......	10 francs.	10 francs.	20 francs.	......	......	......
PANAMA	12 fr. 50.	12 fr. 50.	12 fr. 50.	N'en délivre pas.	12 fr. 50.	12 fr. 50.	7 fr. 50.	Pour les 1ers 100 colis : 25 francs. Chaque centaine en sus: 5 francs. Pour les envois en vracs: 25 francs. Par manifeste sur lest: 12 fr. 50.	15 francs.
PARAGUAY	20 francs.	20 francs.	20 francs.	5 francs.	5 francs.	20 francs.	10 francs.	......	......
PAYS-BAS	2 fr. 10.	10 fr. 50. 7 fr. 35 aux protégés.	3 fr. 25.	3 fr. 25.	2 fr. 10.	2 fr. 10.	5 fr. 25.	Moins de 170 m. c.:sans frais. Jusqu'à 300 m.c.:2 fr.10 Au-dessus : 3 fr. 25. Maximum : 52 fr. 50 par an.	5 fr. 25.
PÉROU	5 francs.	10 francs.	10 francs.	Sans frais.	Sans frais.	5 francs.	15 francs.	25 francs.	20 francs.

ARTICLES DU TARIF FRANÇAIS.	LÉGALISATION ACTES DE L'ÉTAT CIVIL (Art. 5.)	PASSEPORTS (Art. 153.)	VISA DE PASSEPORTS (Art. 155.)	CERTIFICATS D'ORIGINE (Art. 166.)	LÉGALISATION ou VISA DE CERTIFICATS d'origine (Art. 166.)	LÉGALISATION DES SIGNATURES (Art. 171.)	PATENTE DE SANTÉ et VISA DE PATENTE DE SANTÉ (Art. 172.)	VISA DE MANIFESTE (Art. 173.)	DÉCLARATION CERTIFICAT (Art. 174.)
PORTUGAL	8 fr. 33.	Étrangers : 8 fr. 33.	Étrangers : 5 fr. 55.	5 fr. 55.	5 francs.	11 fr. 10.	Navire étranger : 12 fr. 50 plus 0 fr. 05 par tonneau s'il est portugais, et 0 fr. 10 s'il est étranger. Ce droit comprend le visa de la patente, du manifeste et l'expédition du navire.		11 fr. 10.
ROUMANIE	2 fr. par 104 lignes.	20 francs.	Nationaux : 2 fr. Étrangers : 5 fr. ou sans frais suivant les conventions.	Les consuls n'en délivrent pas.	Sans frais.	5 francs.	10 francs.	50 francs moins de 50 tonneaux. 3 francs par 50 tonneaux en sus ou fraction.	3 francs.
RUSSIE	8 francs.	8 francs plus 2 francs pour chaque addition. Passeports pour Étrangers : non prévu.	6 francs.	Sans frais ou 12 fr.	Sans frais ou 12 francs	8 francs sur acte de vente ou pouvoirs. Jusqu'à 500 roubles : 4 fr. 500 à 1000 roubles : 6 fr. Au-dessus : 8 francs plus 1/5 p. 0/0 de la valeur énoncée.	20 francs.	12 francs.	4 francs.
SERBIE	2 fr. 50.	3 classes : 10 francs. 5 francs. 2 fr. 50.	2 fr. 50.	2 fr. 50.	2 fr. 50.	2 francs pour 1 feuille. 0 fr. 50 par 1|2 feuille en sus.			2 fr. 50.
SIAM	5 francs.	1 personne : 5 francs. 1 famille : 10 francs. Plus de 20 personnes : 80 francs. Plus de 10 personnes : 50 francs.	5 francs.	5 francs.	5 francs.	5 francs.	20 francs.	5 francs.	3 francs.
SUÈDE	5 fr. 50.	7 francs.	5 fr. 50.	N'en délivre pas.	5 fr. 50.	5 fr. 50.	4 fr. 20.	Ne sont pas visés. 5 fr. 50 si on demande quand même le visa.	7 francs.
SUISSE. (Droits doublés hors d'Europe).	5 francs.	Pour les Suisses : 10 francs.	2 fr. 50.	5 francs. Sans frais pour la France.	5 francs. Gratis pour la France.	5 francs.			5 francs.
TURQUIE	Naissance : 2 fr. 30. Mariage : 6 fr. 90.	11 fr. 50 aux nationaux seulement.	4 fr. 60.	5 fr. 75.	4 fr. 60.	9 fr. 20 pour la 1re. 4 fr. 60 pour les autres.	Patente par acte : 9 fr. 20 Visa : Jusqu'à 100 ton² : 2 fr. 30 Jusqu'à 300 ton² : 5 fr. 75 Au-dessus : 11 fr. 50.	Jusqu'à 100 tonneaux : 9 fr. 20. Au-dessus : 13 fr. 80.	1er rôle : 6 fr. 90. Les autres : 4 fr. 20.
URUGUAY	10 fr. 80.	10 fr. 80. La délivrance de passeports aux étrangers est interdite.	5 fr. 40.	21 fr. 60.	10 fr. 50.	17 fr. 20. Légalisation sur une procuration : 21 fr. 80.	21 fr. 60. Visa : 5 fr. 40.	0 fr. 108 par tonneau jusqu'à 750 tonneaux dans les ports de tête de ligne. 0 fr. 054 dans les ports d'escale jusqu'à 750 tonneaux.	21 fr. 80.
VÉNÉZUELA									

CHAPITRE III

MODÈLES D'ACTES — LISTES DES AGENCES CONSULAIRES DONT LES TITULAIRES SONT INVESTIS DE POUVOIRS SPÉCIAUX.

65. — **Visa des pièces de bord.**

L'agent, dans les cases réservées à cet effet, porte la mention : vu à l'arrivée, sans approbation, par nous agent consulaire de France à. . . . . le. . . . .

(Signature de l'agent consulaire.)

66. — **Patente de santé et visa.**

1° *Patente de santé*

Je soussigné, agent consulaire de France à certifie que le bâtiment ci-après désigné part de ce port dans les conditions suivantes dument constatées :

Nom du bâtiment
Nature du bâtiment
Pavillon
Tonneaux
Canons
Appartenant au port de
Destination
Nom du capitaine
Nom du médecin
Équipage (tout compris)
Passagers
Cargaison
Malades à bord
État hygiénique de l'Équipage
État hygiénique des passagers
Vivres et approvisionnements divers
Eau

Je certifie en outre que l'état sanitaire du pays et de ses environs est et qu'on constate cas de choléra indien
de fièvre jaune
de peste

En foi de quoi j'ai délivré la présente patente à le mois de 19 à heures du

(Signature de l'agent consulaire.)

2° *Visa patenté de santé*

Je soussigné agent de France à . . . . . certifie qu'au départ de ce port du . . . . . le . . . . . équipé en tout de . . . . . hommes, ayant à son bord . . . . . passagers et un chargement de . . . . . la santé publique est { bonne, / mauvaise

dans la ville, qu'il { y existe des cas, / n'y existe aucun cas { de maladies / de fièvre jaune / de choléra / de peste } depuis le . .

et que les pays environnants sont également { sains / malsains

En foi de quoi, j'ai délivré le présent visa.

A. . . . . le . . . . . 19 . . . . .

(*Signature de l'agent consulaire.*)

67. — **Certificats de vie.**

1° *Certificat de vie pour pension militaire.*

Pension No.
Sup No.*

Traitement de la Lég.
d'Hr. No.
Id. de la médaille mili-
laire No.

MONTANT :
Pension Fs.
Suppment F.
Traitement Fs.

Je soussigné Agent consulaire de France à   certifie que M.

autorisé à résider à l'étranger par un décret en date du (1)

demeurant momentanément à   né à

le   suivant son acte de naissance qui m'a été présenté, jouissant d

désignés ci-contre, est vivant, pour s'être aujourd'hui présenté devant moi.

Lequel m'a déclaré :

1° Qu'il ne jouit en France d'aucun traitement sous quelque dénomination que ce soit, ni d'aucune autre pension ou solde de retraite, soit à la charge de l'État, soit sur les fonds de la Caisse des Invalides de la Marine, soit sur les fonds des départements et des communes, et, en outre, qu'il n'est pas titulaire d'un bureau de tabac.

(1) L'autorisation n'est pas nécessaire pour les veuves de militaires.

2° Que depuis qu'il habite   qu'il n'a accepté
ni fonction ni grade, ni traitement quelconques qui, aux termes de
l'art. 17 du Code civil, puisse lui faire perdre la qualité de Français ;
(*si c'est une veuve*) qu'elle n'a pas contracté un second mariage (*ou
qu'elle s'est remariée avec un Français*), et qu'elle n'a fait rien qui
puisse lui faire perdre sa qualité de Française par l'une des causes
énoncées au chapitre II du code civil.

En foi de quoi je lui ai délivré le présent certificat que le comparant a signé avec moi.

le   mil neuf cent

(*Signature de l'impétrant.*)   (*Signature de l'agent consulaire.*)

*2° Certificat de vie pour traitement de la Légion d'honneur et de
la médaille militaire.*

Je soussigné agent consulaire de France à . . . . . certifie que . . . . .
né à . . . . . département de . . . . suivant son acte de naissance
qu'il m'a représenté, jouissant d'un traitement de . . . . . francs, en
qualité de . . . . . est vivant pour s'être présenté aujourd'hui devant
moi.

En foi de quoi j'ai délivré le présent, qu'il a signé avec moi.
Fait à . . . . . le . . . . .

(*Signature du comparant.*)   (*Signature de l'agent consulaire.*)

3° Certificat de vie pour motif non énoncé.

Cejourd'hui . . . . . par devant moi . . . . . agent consulaire de
France à . . . . . a comparu M . . . . . résidant actuellement à . . . . .
lequel m'a requis de lui donner acte de sa comparution devant moi
pour constater son existence, ce que je lui ai octroyé pour lui servir
et valoir ce que de raison.

Dont acte que le comparant a signé avec moi après lecture . . . . .
le . . . . . a . . . . .

(*Signature du comparant.*)   (*Signature de l'agent consulaire.*)

4° Certificat de vie pour pensionnaires de l'État.

Je soussigné agent consulaire de France à . . . . . certifie que (*énon-
cer les nom, prénoms et domicile de l'intéressé*) né à . . . . . département
de . . . . . le . . . . . suivant son acte de naissance que . . . . . m'a représenté, jouissant d'une pension . . . . . de . . . . . sous le n° . . . . .

est vivant, pour s'être présenté aujourd'hui devant moi. Lequel. . . . . m'a déclaré qu'. . . . . ne jouit d'aucun traitement, sous quelque dénomination que ce soit, ni d'aucune autre pension ou solde de retraite, soit à la charge de l'État, soit sur les fonds des départements ou des communes, soit sur ceux des invalides de la guerre et des invalides de la marine, qu'il n'a pas perdu la qualité de Français par l'une des causes énoncées au chapitre II du code civil; qu' $\left\{ \begin{array}{c} \text{est} \\ \text{n'est pas} \end{array} \right\}$ titulaire d'un bureau de tabac.

En foi de quoi j'ai délivré le présent qu'. . . . . a signé avec moi après lecture.

Fait. . . . . à. . . . . le. . . . .

(Signature du comparant.)   *(Signature de l'agent consulaire.)*

5° *Certificat de vie pour les pensionnaires de la Caisse des Invalides de la marine.*

Je soussigné agent consulaire de France à. . . . . certifie que (*mentionner les nom, prénoms, et domicile de l'intéressé*) jouissant d'une pension. . . . . de. . . . . sous le n°. . . . . suivant son brevet de pension qu'. . . . . m'a représenté, est vivant pour s'être présenté devant moi.

L. . . . . quel. . . . . a déclaré :

1° Qu'. . . . . ne jouit en France d'aucun traitement sous quelque dénomination que ce soit, ni d'aucune autre pension ou solde de retraite, soit à la charge de l'État, soit sur les fonds de la caisse des invalides de la marine ou de la guerre, soit sur les fonds des départements ou des communes, soit sur l'ancienne liste civile ; 2° que depuis qu'. . . . . habite. . . . . n'a accepté ni fonction, ni grade, ni pension, ni traitement quelconque qui, aux termes de l'article 17 du code civil, pourraient lui faire perdre la qualité de Français; (*si c'est une veuve*) qu'elle n'a pas contracté un second mariage (*ou qu'elle s'est remariée à un Français*) et généralement qu'elle n'a rien fait qui puisse lui faire perdre la qualité de Française pour l'une des causes énoncées au chapitre II du code civil.

Le. . . . . requérant a déclaré en outre qu'. . . . . (*est ou n'est pas*) titulaire d'un bureau de tabac en France.

En foi de quoi j'ai délivré le présent certificat. . . . qu'. . . . a signé avec moi.

Fait à. . . . . le. . . . .

(Signature du comparant.)   *(Signature de l'agent consulaire.)*

68. — Demande d'autorisation de résidence à l'étranger pour pensionnaires militaires.

Par-devant moi, agent consulaire de France s'est présenté . . . . se trouvant momentanément à . . . . .

Lequel m'a déclaré que désirant se livrer à la culture de la vigne sous serres, l'obligeant à résider momentanément à . . . . . ., il est dans l'intention de se pourvoir auprès du Président de la République, pour réclamer l'autorisation dont il a besoin pour continuer à jouir en France de la pension militaire de ... pour laquelle il est inscrit sous le n° . . ., se soumettant à n'y former aucun établissement sans esprit de retour, ni à accepter aucune fonction, traitement ou pension qui, aux termes des articles 17 et 21 du Code civil, puisse lui faire perdre la qualité de Français.

La présente déclaration, reçue en présence de MM . . . . résidant momentanément à . . . . . . qui ont attesté l'individualité du sieur . . . et ont affirmé que les motifs qui le retiennent hors de France sont bien tels qu'il le déclare.

En foi de quoi, je lui ai délivré le présent acte que le déclarant et les deux témoins ci-dessus dénommés ont signé avec moi, après lecture faite.

A . . . ., le . . . .

(Signature du comparant.)   (Signature de l'agent consulaire.)
(Signatures des témoins.)

69. — Passeports.

N°	Au nom de la République Française.
Signalement	
Age ans	Je soussigné, ..., agent consulaire de France à . . . ., prions MM. les Officiers ci-
Taille	vils et militaires de la République Française et des
Cheveux	pays amis ou alliés de la France de laisser passer
Sourcils	librement M.
Yeux	
Front	
Nez	
Bouche	demeurant à
Menton	allant à
Barbe	
Visage	et de lui donner aide et protection en cas de besoin.
Teint	
Signes particuliers	Le présent passeport, valable pour
Signature du porteur	a été délivré sur

Fait à   , le   19

(Signature de l'in-
téressé.)   (Signature de l'agent consulaire.)

70. — Légalisation-visa.

1° Légalisation

L'agent consulaire de France à. . . . . certifie véritable la signature de M. . . . . apposée ci-dessus.

A. . . . . le. . . . .

(Signature de l'agent consulaire.)

2° visa

Vu à l'agence consulaire de France à. . . . .

A. . . . . le. . . . .

(Signature de l'agent consulaire.)

71. — Déclarations de nationalité.

Les agents consulaires auront rarement l'occasion de recevoir des déclarations de nationalité. Les questions relatives à la nationalité française étant fort complexes, il est toujours préférable qu'ils en réfèrent au consul.

72. — Certificat d'embarquement, de débarquement, de marchandises, d'absence, d'opération de commerce.

Nous agent consulaire de France à. . . . .
Certifions
1° Que le navire français. . . . . commandé par cap. N. . . . . est entré en ce port le. . . . . venant de. . . . . chargé de. . . . .
2° Qu'après l'accomplissement des formalités exigées par les douanes du pays ledit capitaine N. . . . . a débarqué et fait emmagasiner à terre les marchandises dont l'énumération suit et qui avaient été par lui chargées à. . . . .
3° Que ce déchargement partiel terminé, il est resté à bord du dit bâtiment les marchandises indiquées sur le manifeste comme embarquées à destination de. . . . .
4° Que, depuis le commencement de son arrivée en ce port jusqu'à ce jour date de son expédition en douane et à l'agence, ledit capitaine n'a fait aucune opération de commerce autre que celle énoncée au § 2, et n'a effectué aucun embarquement de marchandises.
ou. . . . .
5° Que pendant son séjour dans ce port, ledit capitaine a fait embarquer les marchandises ci-après désignées à destination de. . . . .
En foi de quoi j'ai délivré le présent certificat.
A. . . . . le. . . . . .

(Signature de l'agent consulaire.)

73. — Certificat de transport de mobiliers.

Je certifie avoir embarqué sur le . . . . . ce jour à destination de
. . . . . , les objets mobiliers suivant usagés, retournant moi-même
avec ce mobilié par le même vapeur.

Liste des objets...

Je déclare en outre, par la présente, que ces meubles sont destinés
à mon usage personnel.

Vu à l'agence consulaire de France à . . . . . . ; il résulte d'autre
part que d'après les renseignements que j'ai pu recueillir que M.....
est fort honorablement connu à . . . . . . où il habite depuis.... .
ans.

A. . . . . le. 19

(Signature de l'agent consulaire.)

74. — Certificat d'origine.

Je soussigné, agent consulaire de France, certifie, d'après les
pièces qui m'ont été exhibées et les déclarations qui m'ont été faites,
que les marchandises désignées ci-après, savoir :

ont été chargées par M. de

pour compte

sur le navire

allant à

et qu'elles sont réellement le produit de

En foi de quoi, j'ai délivré le présent pour valoir ce que de raison.

A. . . . . , le 19

(Signature de l'agent consulaire.)

75. — Demande de rapatriement. (1)

Le soussigné a l'honneur de solliciter de M. le Ministre de l'Intérieur
la faveur d'être rapatrié aux frais de l'État ainsi que

A. . . . . le 19

(Signature du requérant.)

(1) En transmettant cette demande au consul, l'agent consulaire doit donner des
renseignements sur la moralité du requérant, faire connaître s'il le juge digne d'intérêt, indiquer le coût approximatif du voyage.

Renseignements que doit contenir la demande

1. Nom et prénoms du requérant.
2. Lieu et date de naissance.
3. Sa profession.
4. Son adresse actuelle.
5. La date de son arrivée dans cette résidence et son départ de France.
6. Son dernier domicile en France.
7. La localité où il désire se rendre.
8. Les noms et adresses des parents ou des personnes auprès desquels il compte trouver assistance.
9. Les raisons qui motivent sa demande de rapatriement.

Si le requérant est marié, il devra ajouter

10. Les noms et prénoms de sa femme.
11. Le lieu et la date du mariage.
12. Le lieu et la date de naissance.
13. L'adresse de ses parents.
14. Les prénoms de ses enfants.
15. Le cas échéant indiquer également les membres de sa famille dont le rapatriement est également demandé.

---

76. — Transport de corps.

Je soussigné, agent consulaire de France à   ;
Vu :

1º L'acte de décès de. . . . . dressé par. . . . . dont une expédition est ci-jointe.

2º L'autorisation accordée par M. le Ministre de l'Intérieur à Paris pour l'entrée en France du corps de. . . . . dont copie est ci-annexée.

3º L'autorisation pour le transport en. . . . . jusqu'à la frontière de. . . . . accordée par le. . . . . de. . . . . en date du. . . . . à nous présentée et aussitôt rendue.

4º La déclaration ci-annexée en date du. . . . . délivrée par le docteur médecin a. . . . . de laquelle il résulte que le défunt est décédé des suites de. . . . . maladie non épidémique ni contagieuse.

5º Le certificat ci-annexé en date du. . . . : délivré par. . . . . , constatant que le corps du défunt a été renfermé, après les désinfections prescrites par les règlements, dans un double cercueil, dont un métallique en plomb (ou zinc laminé) et l'autre en bois dur.

Certifie et atteste que les mesures prescrites pour la conservation des restes mortels de. . . . . qui doivent être transportés à. . . . . en passant par. . . . . ont été observées.

En foi de quoi j'ai apposé sur le cercueil les scellés de l'agence et délivré le présent pour servir et valoir ce que de raison.

A. . . . . le. 19

(Signature de l'agent consulaire.)

77. — Certificat de bonne vie et mœurs.

Je soussigné, agent consulaire à. . . . . . certifie que le nommé . . . . . , né à. . . . . . , profession de. . . . . , qui a demeuré dans ma circonscription du... au... est, d'après les renseignements que j'ai pu recueillir, de bonne vie et mœurs et que sa conduite a toujours été régulière et irréprochable.

En foi de quoi le présent lui a été délivré pour servir et valoir ce que de raison.

A. . . . . le. 19

(Signature de l'agent consulaire.)

78. — Procurations sous seing privé.

1° *Formule générale.*

Je soussigné (*nom, prénoms*) domicilé à. . . . , profession de. . . . , donne pouvoir à M. (nom, prénoms) domicilié à. . . . . , profession de . . . . . , de pour moi et en mon nom.

(Indiquer l'objet de la procuration.)

et généralement faire tout ce que le mandataire jugera utile et nécessaire promettant de le ratifier.

(Signature du mandant légalisée par l'agent consulaire.)

Nota : dans le cas où l'agent consulaire rédigerait la procuration, le mandant doit écrire de sa propre main « *lu et approuvé* » ou « *bon pour pouvoir* » et signer. Sa signature est ensuite légalisée.

2° *Pouvoir pour se faire représenter en justice de paix.*

Je soussigné. . . . . , profession de . . . . , domicilié à. . . . . , donne pouvoir à M. . . . . . , profession de. . . . , domicilié à. . . . , de pour moi et en mon nom comparaître devant le juge de paix du canton de. . . . . , sur la citation qui m'a été délivrée à la requête de. . . . . , par exploit de. . . . . , huissier à. . . . . en date du. . : . . . , présenter toutes exceptions et défenses, nommer s'il y a lieu tout expert, assister à leurs opérations, traiter, transiger, compromettre, signer tous actes, pièces et procès-verbaux et généralement faire ce qui sera nécessaire promettant de ratifier.

A. . . . . le. . . . 19

(Signature du mandant légalisée par l'agent consulaire.)

Nota : Si le pouvoir est écrit par l'agent consulaire, même remarque qu'à 1°

3°   *Pour retirer de l'argent de la caisse d'épargne.*

Je soussigné :
Nom
Prénoms
Profession
Demeure
Titulaire du livret n°
Donne pouvoir à M.
Nom
Prénoms
Profession
Demeure
dont la signature est apposée ci-dessous.

De pour moi et mon nom retirer de la caisse d'épargne tout ou partie des sommes qui. ont été ou qui seraient inscrites par la suite sur le dit livret, ainsi que des intérêts échus et à échoir, donner tous reçus, signer toutes quittances et décharges valable, demander l'emploi des rentes sur l'État de tout ou partie de mon avoir, recevoir toute inscription de rente en donner recépissé et généralement partout ce qui sera nécessaire dans mon intérêt promettant l'accord.

A. . . . . le. 19

(Signature du titulaire légalisée par l'agent consulaire.)

Nota : Si le pouvoir est écrit par l'agent consulaire, même remarque que pour 1°.

79. — Listes des agences consulaires investies de pouvoirs spéciaux.

(Dans les colonnes sont indiquées les dates des actes, conférant les pouvoirs spéciaux au titulaire de l'agence).

ÉTAT	CONSULAT DONT RELÈVE L'AGENCE	AGENCES CONSULAIRES	POUVOIRS D'OFFICIERS DE L'ÉTAT CIVIL complets	POUVOIRS D'OFFICIERS DE L'ÉTAT CIVIL restreints	POUVOIRS DE NOTAIRES complets	POUVOIRS DE NOTAIRES restreints	DÉPOTS	IMMATRICULATION	ADMINISTRATEURS DE LA MARINE	POUVOIRS JUDICIAIRES du décret du 22 septemb. 1834	DROIT DE CORRESPONDRE DIRECTEMENT avec le N° des Affaires Etrangères	DIVERS
ARGENTINE	Buenos Aires.	La Plata.			20 septemb. 1907.							
	Cordaba.	Mendoza.				25 décemb. 1896.		«				
		Rio Cuarto.				7 août 1908.						
		Salta.				7 août 1908.						
		San Juan.				7 août 1908.						
		Santiago del Estero.				7 août 1908.						
		Tucuman.				7 août 1908.						
		Villa Mercedes.				7 août 1908.						
	Rosaria.	Conception de l'Uruguay.	11 janvier 1900.		11 janvier 1900.			22 septem. 1910.				
		Santa-Fé.	22 octobre 1907.		22 octobre 1907.			22 septem. 1910.				
BRÉSIL.........	Para.	St-Louis de Maranhao.							10 février 1852.			
	St-Paul.	Porto Alegre.							4 octobre 1849.			
		Sao Pedro.							4 octobre 1849.			
		Santos.							15 déc. 1879.			
CHILI	Santiago du Chili.	Chillan.	16 août 1895.		16 août 1895.			22 septem. 1910.				
		Traiguen.	16 août 1895.		16 août 1895.			22 septem. 1910.				
		Temuco.		Naissances et décès. 30 octobre 1898.		Actes en brevet. 3 octobre 1898.		22 septem. 1910.				
		Talca.		Naissances et décès. 24 janvier 1904.		Actes en brevet. 24 janvier 1904.		22 septem. 1910.				
	Valparaiso.	Talcahuano.	14 juillet 1860.		14 juillet 1860.			22 septem. 918.				
		Antofagasta.				Actes en brevet. 3 septembre 1903.						

ÉTAT	CONSULAT DONT RELÈVE L'AGENCE	AGENCES CONSULAIRES	POUVOIRS D'OFFICIERS DE L'ÉTAT CIVIL complets	POUVOIRS D'OFFICIERS DE L'ÉTAT-CIVIL restreints	POUVOIRS DE NOTAIRES complets	POUVOIRS DE NOTAIRES restreints	DÉPOTS	IMMATRICULATION	ADMINISTRATEURS DE LA MARINE	POUVOIRS JUDICIAIRES DU DÉCRET du 22 sept. 1854	DROIT DE CORRESPONDRE directement avec le Ministère des Affaires Étrangères	DIVERS
CHINE	Mongtseu	Sseu Mao	14 janvier 1902.		14 janvier 1902.			22 septemb. 1910.				
	Canton	Longtcheou	15 mars 1904.		15 mars 1904.			22 septemb. 1910.				
COLOMBIE	Bogota	Honda	10 mars 1906.			Actes en brevet. 5 août 1906.		22 septemb. 1910.				
CUBA	La Havane	Matanzas							26 août 1851.			
DANEMARK	Copenhague	St-Thomas	16 novemb. 1897.		16 novemb. 1897.			22 septemb. 1910.				
		Faskrudsfjord		Naissances et décès 26 juillet 1902.				22 septemb. 1910.				
		Iles Westmann		Naissances et décès 1 octobre 1908.				22 septemb. 1910.				
ÉQUATEUR	Quito	Guayaquil	5 décembre 1900.		5 décembre 1900.			22 septemb. 1910.			5 décembre 1910.	
ESPAGNE	Madrid	Daimiel				Actes en brevet. 29 juillet 1910.		22 septemb. 1910.				
	Barcelone	Port Bou	mai 1905.		mai 1905.							
	Bilbao	Gijon et Oviedo	12 septemb. 1901.		12 septemb. 1901.				8 octobre 1901.			
		Santander	29 juillet 1895.		29 juillet 1895.		29 juillet 1895.		29 février 1896.			
	Cadix	Huelva							7 février 1899.			
	Carthagène	Denia							20 mai 1891.			
	Malaga	Cordoue				Actes en brevet. 14 août 1899.						
		Grenade				Actes en brevet. 14 août 1897.						
	St-Sébastien	Saragosse	1 mai 1890.		1 mai 1890.							
ÉTATS-UNIS	Nouvelle-Orléans	Savannah							2 février 1877.			
	San-Francisco	Portland	13 décemb. 1910.					12 décemb. 1910.				
		Los Angeles						12 décemb. 1910.				

ÉTAT	CONSULAT DONT RELÈVE L'AGENCE	AGENCES CONSULAIRES	POUVOIRS D'OFFICIERS DE L'ÉTAT-CIVIL complets	POUVOIRS D'OFFICIERS DE L'ÉTAT-CIVIL restreints	POUVOIRS DE NOTAIRES complets	POUVOIRS DE NOTAIRES restreints	DÉPOTS	IMMATRICULATION	ADMINISTRATEURS DE LA MARINE	POUVOIRS JUDICIAIRES du décret du 22 septemb. 1854	DROIT DE CORRESPONDRE DIRECTEMENT avec le Mᵉ des Affaires Étrangères	DIVERS
ÉTATS-UNIS.........	San Francisco.	Honolulu.	28 septemb. 1910.		28 septemb. 1910.			22 septem. 1910.				
	Porto-Rico.	Guyoma.					23 janvier 1867.					
ÉTHIOPIE...........	Addis-Abbeba.	Harrar.	29 juillet 1902.			Actes en brevet. 14 janvier 1902.		22 septem. 1910.				
GRANDE-BRETAGNE..	Londres.	Sierra Leone.	17 mai 1900.		17 mai 1900.			22 septem. 1910.				
		Cowes.							27 septem. 1849.			
		Harwich.							27 septem. 1849.			
		Lowestaft et Yarmouth.							27 septem. 1849.			
		Newhaven et Rye.			30 juillet 1877.				27 septem. 1849.	22 septem. 1854.		
		Ste Marie de Bathurst.	30 juillet 1877.				30 juillet 1877.	22 septem. 1910.	6 août 1877.			
		Portsmouth.							27 septem. 1849.			
		Ste-Hélène.							27 septem. 1849.			
		Weymouth.							27 septem. 1849.			
	Jersey.	Guernesey et Aurigny.				Actes en brevet. 2 juin 1908.			27 septem. 1849.			
	Dublin.	Queenstown & Cork.							24 août 1908.			
		Limerick.							24 août 1908.			
		Belfast.							24 août 1908.			
	Le Cap.	Port-Elisabeth.							14 sept. 1863.			
	Port-Louis.	Mahé.	25 déc. 1872.		25 déc. 1872.			22 sept. 1910.		21 mai 1878.		
	Bombay.	Aden.	3 déc. 1903.		3 déc. 1903.		3 décemb. 1903.	22 sept. 1910.	24 décemb. 1903.	3 décembre 1903.	3 décemb. 1903.	
	Calcutta.	Chittagong.							24 mai 1875.			

ÉTAT	CONSULAT DONT RELÈVE L'AGENCE	AGENCES CONSULAIRES	POUVOIRS D'OFFICIERS DE L'ÉTAT CIVIL complets.	POUVOIRS D'OFFICIERS DE L'ÉTAT CIVIL restreints	POUVOIRS DE NOTAIRES complets	POUVOIRS DE NOTAIRES restreints	DÉPOTS	IMMATRICULATION	ADMINISTRATEURS DE LA MARINE	POUVOIR JUDICIAIRE du décret du 22 septemb. 1854	DROIT DE CORRESPONDRE DIRECTEMENT avec le M° des Affaires Étrangères	DIVERS
GRANDE-BRETAGNE...	Calcutta.	Coconada.							21 septem. 1871.	15 octobre 1871.		
		Madras.	14 juin 1874.					22 septem. 1910.		15 octobre 1871.		
		Colombo.	27 novemb. 1864.		27 novemb. 1864.		27 nov. 1864.	22 septem. 1910.	8 octobre 1859.	Septembre 1859.	4 juillet 1861.	
	Rangoon.	Akyab.							21 septem. 1871.	15 octobre 1871.		
	Montreal.	Halifax.							31 août 1869.			
		Saint-John.							31 août 1869.			
		North Sydney.							7 juin 1850.			
	La Trinité.	Belize.							2 avril 1846.			Correspondance avec la légation de Guatemala pour les Affres de navon. 3 juin 1884.
		Nassau.							22 mai 1848.			Corresp^ce avec la légation de France à la Havane pour les Affres de navon. (3 juin 1884).
		Roseau.	14 juillet 1874.		14 juillet 1874.			22 septem. 1910.				
GRÈCE............	Athènes.	Chalcis.		Nces et décès 13 mai 1902.								
		Ergasteria.	13 juillet 1886.					22 septem. 1910.				
HAITI............	Port-au-Prince.	Aquin.	18 juillet 1881.					22 septem. 1910.				
		Cap Haitien.	30 octobre 1851.		30 octobre 1851.		30 octobre 1851.	22 septem. 1910.				
		Les Cayes.	30 octobre 1851.		30 octobre 1851.		30 octobre 1851.	22 septem. 1910.				
		Les Gonaives.	30 octobre 1851.		30 octobre 1851.		30 octobre 1851.	22 septem. 1910.				
		Tacmel.	30 octobre 1851.		30 octobre 1851.		30 octobre 1851.	22 septem. 1910.				
		Jérémie.	30 octobre 1851.		30 octobre 1851.		30 octobre 1851.	22 septem. 1910.				
		Miragoane.	18 février 1881.									

ÉTAT	CONSULAT DONT RELÈVE L'AGENCE	AGENCES CONSULAIRES	POUVOIRS D'OFFICIERS DE L'ÉTAT CIVIL complets	POUVOIRS D'OFFICIERS DE L'ÉTAT CIVIL restreints	POUVOIRS DE NOTAIRES complets	POUVOIRS DE NOTAIRES restreints	DÉPOTS	IMMATRICULA-TION	ADMINISTRA-TEURS DE LA MARINE	POUVOIRS JUDICIAIRES du décret du 22 septemb. 1854	DROIT DE CORRESPONDRE DIRECTEMENT avec le Me des Affaires Étrangères	DIVERS
HAITI..........	Port-au-Prince.	Petit Goave.	18 février 1881.					22 septem. 1910.				
		Saint-Marc.	18 février 1881.					22 septem. 1910.				
ITALIE...........	Livourne.	Porto Ferrajo.							26 août 1851.	29 novem. 1854.		
LIBERIA..........	Grand-Bassam.	Monrovia.		N^{es} et décès 31 décemb. 1903.		Actes en brevet. 31 décemb. 1903.		22 septem. 1910.			Autorisé à correspoudre direct' avec le Ministre.	
MAROC...........	Tanger.	Elksar.	26 septemb. 1902.					22 septem. 1910.				
MEXIQUE.........	Vera-Cruz.	Jicaltepec.	25 février 1887.					22 septem. 1910.				
PANAMA..........	Panama.	Baranquilla.	17 décemb. 1883.			Actes en brevet. 5 août 1906.		22 septem. 1910.				
		Cali.		N^{es} et décès 10 mars 1906.		Actes en brevet. 5 août 1906.		22 septem. 1910.				
		Carthagène.		N^{es} et décès 10 mars 1906.		Actes en brevet. 5 août 1906.		22 septem. 1910.				
		Bucaramonga.		N^{es} et décès 23 juin 1908.		Actes en brevet. 23 juin 1908.		22 septem. 1910.				
PORTUGAL.........	Lisbonne.	Angra.						22 septem. 1910.	24 juillet 1873.			
		Bissao et Boulam.	13 avril 1870.		13 avril 1870.			22 septem. 1910.	24 juillet 1873.	16 décem. 1873.		
		Faro-Olhao-Cavira.							24 juillet 1873.	23 novem. 1889.		
		Funchal.							16 mai 1856.	23 novem. 1889.		
		Horta.							16 mai 1856.	23 novem. 1889.		
		Lagos.							24 juillet 1873.	23 novem. 1889.		
		Punta Delgada.							24 juillet 1873.	23 novem. 1889.		
		St-Paul de Loanda,							24 juillet 1873.			
		St-Vincent.							5 juillet 1879.	23 novem. 1889.		
		San Thomé.							24 juillet 1873.			

ÉTAT	CONSULAT DONT RELÈVE L'AGENCE	AGENCES CONSULAIRES	POUVOIRS D'OFFICIERS DE L'ÉTAT CIVIL complets	POUVOIRS D'OFFICIERS DE L'ÉTAT CIVIL restreints	POUVOIRS DE NOTAIRES complets	POUVOIRS DE NOTAIRES restreints	DÉPOTS	IMMATRICULATION	ADMINISTRATEURS DE LA MARINE	POUVOIRS JUDICIAIRES du décret du 22 septemb. 1854	DROIT DE CORRESPONDRE DIRECTEMENT avec le M^re des Affaires Étrang^es	DIVERS
PORTUGAL...	Lisbonne.	Santa Cruz.							24 juillet 1873.			
		Setubal.							24 juillet 1873.	23 novem. 1889.		
		Villa da Proia.							10 mai 1886.			
		Villa nova de Portimao.							24 juillet 1873.			
		Villareal de San Antonio.							24 juillet 1873.			
	Lourenco-Marques.	Ibo.							10 mai 1886.			
		Mozambique.							23 juin 1873.	23 novem. 1889.		
		Beira.	27 septem. 1902.					22 septem. 1910.				
		Quilimane.	13 décemb. 1902.					22 septem. 1910.				
	Porto.	Figueira da Foz.							24 juillet 1873.			
RUSSIE..	Tiflis.	Novorossyisk.	25 janvier 1892.			Tous actes, sauf les testaments et contrats de mariage 14 sept. 1908.		22 septem. 1910.				
		Batoum.	18 juillet 1896.		18 juillet 1895.			22 septem. 1910.				
SERBIE.............	Belgrade.	Negotin.		N^ces et décès 15 mai 1909.								
SUÈDE.............	Stockholm.	Gothembourg.							5 juillet 1850.			
		Wisby.							5 juillet 1850.			
TURQUIE......... ··	Constantinople.	Zougouldagh.	25 novemb. 1897.			Actes en brevets 22 juin 1899.		22 septem. 1910.				
	Salonique.	Kavala.	29 juin 1902.		29 juin 1902.			22 septem. 1910.	mars 1847.			
	Alep.	Antioche.	14 septem. 1898.					22 septem. 1910.				
	Beyrouth.	Latakieh.	19 août 1896.					22 septem. 1910.				

ÉTAT	CONSULAT DONT RELÈVE L'AGENCE	AGENCES CONSULAIRES	POUVOIRS D'OFFICIERS DE L'ÉTAT CIVIL complets	POUVOIRS D'OFFICIERS DE L'ÉTAT CIVIL restreints	POUVOIRS DE NOTAIRES complets	POUVOIRS DE NOTAIRES restreints	DÉPOTS	IMMATRICULA-TION	ADMINISTRA-TEURS DE LA MARINE	POUVOIRS JUDICIAIRES du décret du 22 septemb. 1854	DROIT DE CORRESPONDRE DIRECTEMENT avec le Mre des Affaires Étranges	DIVERS
TURQUIE............	Beyrouth.	Saida et Tyr.	11 juillet 1896.		11 juillet 1896.			22 septem. 1910.				
	Smyrne.	Adalia.										
		Aivoly.	7 mai 1898.		7 mai 1898.							
		Chio.	14 novemb. 1888.		14 novemb. 1888.							
		Nacri.										
		Métélin.										Autorisés à faire desprocès verbaux de constat (expertises) en matière commerciale non maritime 5 déc. 1903 et 30 nov. 1904.
		Samos.										
		Scalanova.										
		Tchesmé.										
	Trébizonde.	Samsoum.						22 septem. 1910.				
Egypte.............	Port-Said.	Ismailia.						22 septem. 1910.				
VENEZUELA..........	Caracas.	Maracaibo.							1 août 1804.			

TABLE DES MATIÈRES

Tous les Français doivent faire deux années de service actif. Il n'est pas fait exception pour ceux originaires des colonies (1), nés ou résidant à l'étranger. La seule cause de dispense est l'incapacité physique.

Les Français, sauf ceux qui conservent jusqu'à 22 ans le droit d'opter pour une nationalité étrangère, doivent dans l'année où ils ont 20 ans révolus, se faire inscrire sur les tableaux de recrutement. Ceux qui ont été omis peuvent être déférés aux tribunaux (art. 79 de la loi 21 mars 1905). S'ils veulent éviter cette conséquence, ils doivent présenter leurs excuses sur lesquelles statue le conseil de revision. Des sursis renouvelables d'année en année jusqu'à l'âge de 25 ans peuvent être accordés.

1° A ceux qui remplissent effectivement les devoirs de soutien indispensable de famille.

---

(1) Les articles 90 et 91 de la loi du 21 mars 1905 exemptent seulement les individus résidant et établis en certaines colonies à leur majorité.